兰蕙痴情

陈凤敏与AFC三十年

邓艳等 著

同济大学出版社
TONGJI UNIVERSITY PRESS

《中国轨道交通 AFC 行业里的追梦者》丛书

兰蕙痴情：陈凤敏与 AFC 三十年

邓艳 等 著

顾　　问 施仲衡 中国工程院院士，中国地铁工程咨询公司总工程师，中国城市轨道交通协会专家委员会主任

聂玉春 中国信息产业商会会长，国务院办公厅原局级秘书，湖北省武汉市原党组成员、副市长，中国电子信息产业集团有限公司原党组成员、副总经理

焦桐善 中国国际工程咨询公司原副总经理，中国交通运输协会原副会长

石礼安 原上海市地铁工程建设指挥部指挥、上海市地铁总公司总经理，上海市轨道交通建设有限公司董事长

王振信 原上海隧道建设公司副总工程师，上海隧道工程设计院院长、上海市地铁工程建设指挥部总工程师、上海市地铁总公司总工程师，陈凤敏的导师

仲建华 原重庆市轨道交通（集团）有限公司董事长，现为中国城市轨道交通协会专家委员会执行主任

资料提供 陈凤敏　郑志涛　李仰能（中国香港）　万蕙颐（中国台湾）

编　　审 江世亮　张君龙

图文整理 杨玉娟

谨以此书，感谢一路走来，支持过、帮助过我的人

——陈凤敏

序一

施仲衡

施仲衡

中国工程院院士，中国地铁工程咨询公司总工程师，中国城市轨道交通协会专家委员会主任

看完书稿《兰蕙痴情：陈凤敏与 AFC 三十年》，作为新中国轨道交通建设的一名从业者，我内心颇有感触。一方面是为我国轨道交通 AFC 系统三十多年来取得的成绩，另一方面也为陈凤敏女士三十多年如一日执着于轨道交通 AFC 行业的精神。掩卷回首，历历在目。

作为轨道交通建设中一个直接面向乘客的服务系统，AFC 系统的好坏更能体现轨道交通设计者、建设者、管理者水平的高低。当前，我国轨道交通建设如火如荼，AFC 系统也已经发展到新的技术阶段，这就更加需要做好科学的总体规划、细致的部署实施和完备的保障措施，通过不断汲取新技术、新理念，持续为乘客提供更加便捷的体验。

毫无疑问，陈凤敏是我国轨道交通 AFC 系统事业的拓荒者之一。她半路入行，一心逐梦，勤勤恳恳，任劳任怨，把自己这三十多年的精力全部投入其中，不仅为我国轨道交通 AFC 行业发展打下了一个非常好的基础，也给整个轨道交通行业带来了非常积极的影响，放在今天“自主创新”和“一带一路”的大背景下也具有现实意义。

希望我国轨道交通 AFC 行业发展越来越好，希望我国轨道交通事业蒸蒸日上。

施仲衡
2019.9.27.

序二

石礼安

石礼安
原上海市地铁工程建设指挥部指挥、上海市地铁总公司总经理，上海市轨道交通建设有限公司董事长

听闻陈凤敏的传记即将付梓，在此除了对陈凤敏表示祝贺以外，我还想就核心技术走国产化道路谈点自己的看法。这也是我读完本书以后大脑里最先涌现的念头。

地铁建设是个大工程，包括土建、车辆、环控等方方面面，AFC 系统只是其中的一小部分。上海地铁刚开始建的时候，大家关注的重点还是在大的工程实施方面，加上人工售票还具有其存在的合理性——从当时的视角来看也是没问题的，所以 AFC 系统作为相对次要的项目一度被列为“缓上”。

到上海地铁要上 AFC 系统的时候，面临两种情况：一个是国外引进，一个是自主研发。改革开放后，外国人都愿意卖给我们设备，技术上也不会有太大问题，就是要做一些本土化的改造。如果换成自主研发，由于当时国内研发能力有限，风险很大，投钱进去也不一定能研制成功；即便能够研制出来，效果也可能会打折扣。“样样靠别人总是不行的”，从自力更生的角度，我们最终还是决定自主研制。1988 年 9 月，AFC 系统项目正式批准立项，陈凤敏是项目的主要负责人。

自主研发毫无疑问是要有资金支持的。在 AFC 系统项目上，我们前期投入了 200 万元人民币，还有 2 万美元；之后中试的时候又投入了 350 万元人民币，前后共计投入近 600 万元人民币。要知道在那个年代，这可是一笔巨额投资。在没有任何基础的情况下，陈凤敏他们克服种种困难，最终完成了

包括自动售检票机和各种配套机器在内的39台设备，实现了一个从无到有的突破。

赶上1993年上海地铁1号线南段通车，这批设备就被安装上去试运行。然而新设备效果虽然明显，问题却也很多，要完全解决这些问题，估算耗时可能会比较长。当时上海地铁1号线已经开通，接下来还有上海地铁2号线等线路也等着用AFC系统设备，在这种“时间不等人”的情况下，我们指挥部研讨后决定引进，先解决“有无”问题。最后我们跟美国Cubic公司达成了合作协议，引进了他们的AFC系统设备。

但AFC系统国产化的进程并没有因此停下来，陈凤敏一直在跟进指导这块工作，包括她后来推动国家标准制定和落地的一系列努力；另一方面，引进国外先进设备的同时，我们也一直在尝试消化、吸收。这样两条腿走路，到现在国内AFC系统设备已经完全实现了国产化，在某些领域甚至引领世界水平，一些国内企业还带着AFC系统设备走出了国门。

这件事情在当时来看还不觉得什么，但是现在想来，特别是这两年中美双方产生贸易摩擦，就越发觉得二十多年前我们决定走自力更生、自主研发的路子还是很有道理的。

习近平总书记在2018年5月23日召开的中国科学院第十九次院士大会、中国工程院第十四次院士大会上提出“建设世界科技强国”，强调“自力更生是中华民族自立于世界民族之林的奋斗基点，自主创新是我们攀登世界科技高峰的必由之路”，指出“在关键领域、卡脖子的地方要下大功夫”，把自力更生、自主创新再次提升到一个新的高度。这不仅是国际形势使然，也是国家持续发展之必然，也证明了一个道理，那就是:

走自主创新这条路，是永远也不会错的。

很高兴看到陈凤敏能够坚守在 AFC 系统这个领域并不断取得突破，在她的身上，也能看到我们老一辈上海地铁人的些许影子。

最后，还是引用习近平总书记在这次院士大会上说的一句话：“只有把核心技术掌握在自己手中，才能真正掌握竞争和发展的主动权，才能从根本上保障国家经济安全、国防安全和其他安全。”

2019.9.26

序三

王振信

王振信
原上海隧道建设公司副总工程师，上海隧道工程设计院院长，历任上海市地铁工程建设指挥部总工程师、上海市地铁总公司总工程师，陈凤敏的导师

我与陈凤敏共事虽然只有短短数年，但她兢兢业业、持之以恒的工作态度让人印象深刻。从轨道交通AFC系统领域的一个普通技术人员，逐渐成长为引领国内轨道交通AFC行业发展的灵魂人物，过程之曲折，故事之精彩，实在难能可贵。

那时上海市地铁公司刚组建不久，上级把我从上海隧道公司调过来担任公司的首任总工程师。此前我参与了上海地铁的设计实施等具体工作，但全面负责整个城市轨道交通的技术工作，也还是头一遭。我对轨道交通行业了解比较全面，但行业里大大小小十几个专业领域，我也没法样样精通，加上精力也不允许，有的就委派专人负责推进，由我来进行宏观指导和把控。陈凤敏就是这时候接手AFC系统这块工作的。

当时国内鲜有了解AFC系统的，大多数城市轨道交通还是人工售检票，加上这块看起来是个非常小的细分领域，大家都不太重视。我是最早就提出要建设AFC系统的，但上海地铁一开始把它列为“缓上”，经费紧缺，人手不足。陈凤敏没有抱怨，非常努力地投入工作，遇到具体困难都是自己先想方设法去克服。特别是项目中试的时候，由于设备出现一些问题导致无法交付使用，陈凤敏受到前所未有的打击，她也没有退缩，反而越挫越勇。上海之所以能够成为国内第一个安装运行轨道交通AFC系统设备的城市，陈凤敏功不可没。她不仅在推动AFC系统国产化的道路上殚精竭虑，还在推进行业国家标准制定、宣贯、落地方面不遗余力，开辟了中

国轨道交通 AFC 系统的新纪元。

陈凤敏一直谦虚地说她是在践行我的理念。虽然 AFC 系统的大方向是我定的，但后期很多工作都是她埋头在做，而且一做就是三十多年，包括很多自主创新的工作。如果说前期是工作任务，那后期绝对就是她自己超乎常人的决心和毅力的体现了，而且能推动国内轨道交通 AFC 系统走到今天这个阶段，令人钦佩。

从职级关系上，我曾经是陈凤敏的上级，但在工作上，我们是同事。我们最初加入上海市地铁公司这个大家庭里，都是为了一个目标，那就是：方便广大市民出行。这，也可以算作我们老一辈地铁人的“初心”吧！

王振行

2019-9-26

序四

仲建华

仲建华
原重庆市轨道交通（集团）有限公司董事长，现中国城市轨道交通协会专家委员会执行主任

我与陈凤敏老师相识于2001年。那时候我正主持重庆第一条城市轨道交通线路——重庆地铁2号线项目建设，项目的监理公司是上海地铁监理公司，陈老师是该公司的监理工程师。

当时轨道交通AFC系统在国内刚刚起步，配套建设的并不多。加上重庆地铁这条线路是国家批准的，有严格控制投资的要求，所以在初步设计中，围绕AFC系统及其周边设施的建设就适当降低了些标准。这放在其他地方，也是可以理解的。但陈老师过来找到了我，力陈AFC系统之重要性。我当时还有点惊讶，因为一般的监理工程师做好监理相关的工作就好了，没有像陈老师这么认真执着的，这也让我印象非常深刻。

AFC系统当然是一个发展趋势，不仅仅是在提升整体技术水平方面，还考虑到重庆人口众多，未来的地铁客流量也会很大，人工售检票迟早要让位于自动售检票。听了陈老师的一番陈词，我综合考虑后也觉得AFC系统这块的投资不能省，于是回头又重新做了一版设计。可以说，最开始重庆地铁AFC系统的建设，有陈老师积极推动的一份功劳。

通过这件事情，我与陈老师算是正式认识了。当时陈老师虽然身在上海地铁监理公司，但作为我国首个轨道交通AFC系统自主研发项目曾经的主要负责人之一，陈老师对AFC这个行业念念不忘，想得很长远。重庆地铁2号线一期工程开始建设后，紧接着延伸段工程以及其他几条线路也随着启动，这些线路

的 AFC 系统如何实施并且实现线网互通，是一个大问题。带着这些问题，我这次主动找到了陈老师，陈老师给出的答案是“标准”，这与我自己最初的想法也是一致的。

编制标准，说来简单，其实也难。可以说陈老师之后的近 20 年时间基本都扑在了“标准”这两个字上面。一开始她辗转通过当时的建设部申请 AFC 系统标准立项，那时候立项需要具体的项目为依托，我所在的重庆地铁当仁不让给予她支持。后来她又组织了 AFC 国标编制组，并为此召开了三次 AFC 论坛进行讨论，最终成稿并宣贯实施。她一个女同志，能一手把这么一大摊子事操办起来，着实不容易。看看今天 AFC 行业的盛况，就更要给她点赞了。

我本人作为参编人员之一，也参与了很多次标准的编制，深知标准编制之不易。陈老师在 AFC 行业起步阶段就能想到编制标准并为此坚持不懈，而她当时的身份、包括后来立项时的身份曾有人提出疑议，我们这些知道她为 AFC 事业付出多大努力、多少辛劳的人都站在她的立场上支持她。所谓“先天下之忧而忧”“一个热心人 + 明白人”，可不是每个行业在其发展之初便能碰到的。陈老师想在了 AFC 行业发展的前面，于国于民于行业，无论如何都是一件大好事。好在 AFC 专委会成立后，这个问题也就不存在了，虽然她本人也并不在乎这些所谓的虚名。

我现在中国城市轨道交通协会工作，近些年与陈老师交流，谈及 AFC 国际化的问题。从前我们是“引进来”，现在我们 AFC 系统实现国产化之后，还要力争“走出去”，所以近几年在标准制定上，我们还一起琢磨标准翻译、推动企业拓展海外市场等相关事宜，并在越南等国家取得了一些突破。

作为国标编制的依托项目，陈老师当年给予重庆地铁非常大的帮助，不仅指导其 AFC 系统项目的实施，而且帮助我们悉心教导培育了一批 AFC 系统方面的人才，这些人后来很多都成为了重庆地铁公司的骨干。重庆还是 AFC 论坛第一届和第十届的举办城市，单从这一点来看，我们与陈老师的渊源也许也是注定的。现在陈老师的传记出版，我由衷替她感到高兴。

谨以此序，表达对陈老师的谢意和敬意！

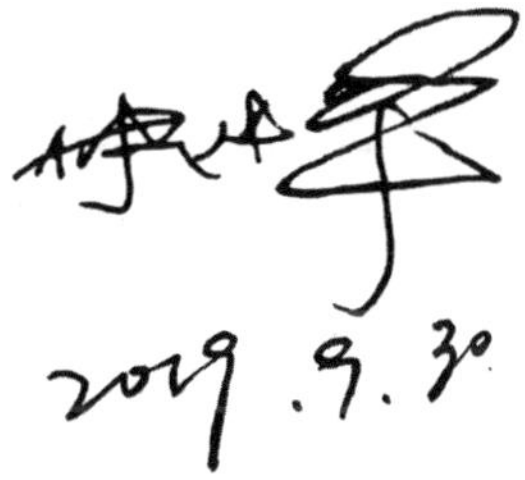

出版说明

为宣传数十年来我国轨道交通 AFC 行业里众多企业及从业人士在开创和实施 AFC 系统项目过程中刻苦钻研、潜心服务、敢于创新、勇于进取的精神，总结提升我国轨道交通 AFC 系统的专业技术水平和服务保障能力，充分发挥 AFC 系统在轨道交通中的“脸面”作用，推动我国轨道交通事业持续发展，特编辑出版本丛书《中国轨道交通 AFC 行业里的追梦者》。

“一家一传记，一人一故事。”丛书从业主、集成商、设备制造商、模块供应商、设计院及工程施工单位等多个视角，通过丰富的案例和故事，加上一些珍贵的历史资料，讲述了我国轨道交通 AFC 行业三十多年来虽历经艰难却不断前行的发展历程。

在当前“一带一路”战略的大背景下，结合国家轨道交通“十三五”规划，通过此丛书的介绍，可以使业内决策者和具体工作人员更进一步了解和熟悉轨道交通 AFC 系统的作用——AFC 系统也是轨道交通行业里唯一涉及运营收费的专业领域。

《兰蕙痴情：陈凤敏与 AFC 三十年》是本丛书的开篇之作，主人公陈凤敏女士是我国最早涉足轨道交通 AFC 行业的开创者之一，如今已近耄耋之年的她仍在为推动我国轨道交通 AFC 行业的发展而奔波忙碌。从研发立项到推动国产化，从标准编制到行业组织，陈凤敏女士一步步引领着我国轨道交通 AFC 行业的发展，为我国轨道交通 AFC 系统的自主创新做出了不可磨灭的贡献。因此这本书也可视为我国轨道交通 AFC 行业的发展简史。

为方便读者阅读，书中在对应章节插入了相关报告、图片、图表等内容，并通过二维码形式收录了若干重要资料。通过这些资料，或能帮助读者更加清晰地了解我国轨道交通 AFC 行业这些年来的一点一滴。

前言

陈凤敏

时光飞逝。

我在轨道交通 AFC 行业摸爬滚打，已经三十多个年头了。

有人问我：“你怎么想到搞 AFC 的？”

我回答：“我好像没有想过。确切地讲，搞 AFC 不是我想的，时代发展、轨道交通建设催生了 AFC，只不过正好落在我头上。既来之则安之，我对 AFC 是如此的执着，它几乎浸染了我的生活、我的思想、我的生命。

“平日里走过地铁车站，看到有人在维护 AFC 设备，我都会下意识地向他们表示谢意——好像他们就是在为我而做。有时候我会就一些细节和他们探讨，比如：现在用无线感应了，为什么还要擦拭内部机芯？以前接触式磁卡很容易弄脏磁头，影响到磁卡读写，所以要不断清洁机芯和磁头，现在呢？他们说：‘由于环境粉尘影响，AFC 设备机器里面很脏。’——这说明我们 AFC 设备的密封性还是不够好。

“路过另外一些车站，看到有喝剩半罐的可乐杯放在售票机上，心想：如果不小心打翻了，这机器还怎么工作啊？

“再有哪家 AFC 企业一年没拿到项目，哪家又在哪里出了问题，信任度受到影响，谁又怎么怎么的了。凡此种种，都会让我吃不好，睡不着，心神不宁。我与 AFC 的情感，我对 AFC 的痴迷，一点也不亚于京剧《梨花颂》里唐明皇和杨贵妃的爱情，颇有点‘天生丽质难自弃，长恨一曲千古思’的味道。”

我是陈凤敏，一个出生在温州雁荡山下福溪小山村的女孩子。如果不是父亲在上海学生意做生活我也因此跟随来到上海，恐怕今时今日的我也只是大山里的一名村妇了。

到了上海，入学读小学三年级，考上初中，凭着“品学兼优”保送到同济大学预科。两年预科，五年本科，1965 年毕业后分配到上海市市政工程局隧道处隧道设计院上班，后辗转至吴淞化工厂，最后通过组织调动又回到市政工程局，安排进了新组建的上海市地铁公司。

上海地铁 1 号线 AFC 系统项目一度被列为“缓上”，但国产化的形势又要求启动 AFC 系统设备研发工作。“天降大任。”我很荣幸也很高兴能够成为项目的主要负责人，也曾为这块自主创新的工作度过了很多个不眠之夜，总算小有所成。其间，我得到了上海市外办、市科委、市政工程局科技处、上海市地铁工程建设指挥部及上海市地铁总公司机电项目部等单位和部门诸多领导、同仁的关心、支持和帮助。我能有今天，与他们的支持和鼓励是分不开的。“滴水之恩，当涌泉相报”，我所能做的，唯有兢兢业业工作，做好 AFC 的每一点一滴，才堪以回报他们。功夫不负有心人。2000 年前后，随着我国轨道交通事业建设的加速发展，AFC 系统逐步深入人心，成为轨道交通建设标配项目。

退休前，立项研发 AFC 系统设备样机，是上级给机会让我做的。

退休后，为了让 AFC 系统这一新兴行业逐步实现标准化、规范化，由建设部（即如今的住建部，下同）批准开展行业国家标准编制，这是我要做的。为此，我牵头成立了 AFC 国标编制组，把行业里的人召集起来，为编制具有国有自主知识产权的标准集思广益，还组织举办了 AFC 论坛，让行业里的人们可以经常性地交流，促进行业更加规范、有序地发展。

2014 年前后，为了扭转当时不健康的市场竞争局面，回归行业理性，规范行业秩序，由我提议，AFC 国标管理组出面，组织 AFC 行业的领头企业在南湖红船上召开联谊会，从集成商到设备商，从设计院到模块商，在追求大局利益的前提下达成一致。有了联谊的基础，2017 年 6 月 30 日，中国信息产业商会自动收费系统专业委员会（简称“AFC 专委会”）正式成立——AFC 行业从业者终于有了可以遮风挡雨的一个“家”。这也让我很是欣慰。

作为轨道交通系统里唯一一个直接面向乘客的“脸面”工程，AFC 系统的好坏、舒畅、安全与否，决定着服务乘客质量的优劣。然而，随着电子技术、自动化技术和信息技术的日新月异，AFC 系统不得不一次又一次“随机应变”，让行业里的人们没有停下来歇口气的机会。而今随着电子支付技术的发展，从票卡到扫码支付；从有感、无感到指纹阅读，掌、静脉识别，即所谓刷码、刷脸、刷人；还有什么“神仙掌”（FVR 技术）等，花样日益翻新，形式层出不穷，也让 AFC 系统疲于奔命，一直处于一个没有定性和规范的状态，也就无法像其他专业系统那样有一整套已成体系的行之有效的设计、施工、检测、验收、运维和培训标准。可见，要建立一个完善、成熟的 AFC 系统，其路还很长。我们唯一可以确认的是，AFC 系统的存在是必然的，未来如何发展，暂且拭目以待。正如孙中山先生那句话说的：“革命尚未成功，同志仍需努力！”

从前我自己为了总结和推广 AFC 系统，先后组织编写了两本书：一本是《多模式交通付费卡系统》，这是国内第一本系统介绍付费卡技术的书；第二本是《自动收付费卡系统》，系统介绍了轨道交通 AFC 系统技术。这两本都是相对比较专业的书籍，可能也正因为如此，第一本书 1998 年在上海书店摆售的时候，购者寥寥。当时一个店员说：“如果是小说，估计早就畅销一空了。”说者无心，听者有意，却让我萌生了以讲故事的形式述说 AFC 系统发展的念头，这应该算是如今这本书以及这套丛书的源头之一吧。

《兰蕙痴情》的书名，取自我国古代著名诗人屈原的代表作、浪漫主义抒情诗《楚辞·离骚》：“既滋兰之九畹兮，又树蕙之百亩”，该句前后文意思是：我种下了大片的春兰，又种下了百亩秋蕙，希望它们能够长到枝干参天、绿叶成荫，之后收获、藏敛。面对和大家一起辛勤耕耘了三十多年的 AFC，我的心情也是如此。从最初 AFC 设备研制的几个人组成的课题组，到项目引进实施时候的几十人，再到 AFC 国标编制、宣贯，直至 AFC 专委会成立时的七百多人，真是“绿叶成荫”，让人欣慰。

今天的 AFC 行业，早已不像当初那般冷清，这从我们每届 AFC 论坛与日俱增的参会人数就能看出来。我很高兴，也希望越来越多的人知道、了解、认识 AFC 系统，这也是激励我们这群业内人士不断前行的一种动力。

目录

第一章
青春：从雁荡山走出来的志气少女

女孩子如果自己努力的话也未必会比男孩差。

——陈凤敏

雁荡经行云漠漠 谁说女子不如男

“每一个生命都是一个不朽的传奇，每个传奇背后都有一个精彩的故事。”

毫无疑问，20 世纪 40 年代，是一个激烈动荡大变革的时代。我们看到了德意日轴心国从鼎盛走向灭亡，看到了“二战”结束后新秩序的产生，也看到了科技史上重大发明——第一台计算机的诞生。而在中国，这片自 1840 年鸦片战争以来饱受战乱、屈辱的土地，这个十年，一波三折之后，拨云见日，新中国成立。

本书的主人公，陈凤敏女士，就出生在这个年代的开端——1940 年 12 月 1 日。

也许出乎所有人的意料，“中国地铁 AFC 行业的先行者”之一的陈凤敏居然是从浙江温州北部大山山沟里出来的一个“弱女子”——联想到她后来取得的骄人成就，更令人觉得难能可贵。陈凤敏的家乡乐清市福溪乡福溪村，隶属温州市，是个典型的山区——虽然是个山区，但这个山却也不一般，沈括《梦溪笔谈》说它“天下奇秀”，唐代诗人贯休在此留下名句“雁荡经行云漠漠，龙湫宴坐雨蒙蒙”，这就是素有“海上名山”“寰中绝胜”

之誉的“东南第一山”雁荡山，也是“三山五岳”中与安徽黄山、江西庐山并称的三山之一。福溪村位于雁荡山北，是乐清、永嘉、黄岩三县（市、区）交汇之地，也是温州市最北的地区之一。

fig.1 番薯坨

从出生到1947年，雁荡山脚下的这片土地记载了陈凤敏的童年。那时候的福溪村，交通不便，对外联络少，生活比较清贫和穷苦，平日饭锅里烧的基本上都是山芋丝加红糙米，很难见到一碗白米饭，即便有也要留给家中的祖父吃。小孩子也没有什么像样的零食，但靠山吃山，好歹还有番薯，炒香的番薯片和晒干烘烤的番薯坨，成为当时乡下非常可口的纯天然“蜜饯”。（fig.1）

山的世界，绿的海洋，竹林阵阵，也是童年美好的回忆。陈凤敏至今仍记得每家每户的房前屋后、路左路右、山上山下，毛竹无处不在。在那个物质生活较为匮乏的年代，中国传统自给自足的小农经济在这个大山里仍然发挥着作用，毛竹不仅提供了可供村民食用的菜肴，像嫩头炒菜、腌咸笋、晒笋豆等，还是村民编织各种生产生活工具最好的原材料，竹篮、竹簸箕、竹篓、竹箩筐不一而足，当地人称之为“脚箩”（谐音）。每到编“脚箩”的时节，屋里屋外摊满了毛竹和竹签，削下来的竹节蹦得满地都是，一不小心脚踩着，那个疼，现在回忆起来，真的是“痛并快乐着”。

雁荡山的乡里生活虽然清苦，却给了陈凤敏一个欢愉的童年。至今回忆起来，仍然令她感慨万千，难以忘怀。每逢过年举行“谢年”仪式，家人准备的丰盛的酒菜、糕点，都让年幼的陈凤敏感到异常兴奋！

毫无疑问，温州人是我国历史舞台上有着很多优秀特质的一类群体。经济学家钟朋荣曾将“温州人精神”概括为四句话：白手起家、艰苦奋斗的创业精神；不等不靠、依靠自己的自主精神；闯荡天下、四海为家的开拓精神；敢于创新、善于创新的创造精神。

在中国的版图上，温州原本是一个极不起眼的小地方，人多地少、资源匮乏。改革开放前，因三面环水，背靠大山，想走出去只有“水路一条”——然而不巧的是，在温州方言中，“水”“死”同音，所以老百姓一度自嘲在温州只有“死路一条”。尽管如此，温州人还是走出来了，闯出了他们在外面的一片天。作为陈凤敏成长道路上影响最大的一个人，陈凤敏的父亲就是走出去的一个温州人。

陈凤敏的父亲陈成达（1915—2002）在家里兄弟中排行老三，也是五兄弟中唯一弃商弃农外出学徒的，个中缘由目前已不得而知。最开始时候的陈家，家景应该还算是不错的，在沈家门开了两家饭店，生意颇为兴隆，陈成达的大哥陈成涛、二哥陈成发都是风光一时的“小开”。然而好景不长，抗战爆发后，沈家门待不住了，陈成达大哥搭乘的新平轮在吴淞口遇水雷被炸，人也随船遇难，二哥后来也在上海病故。陈凤敏的父亲陈成达成为陈家事实上的长子，而这时他也已经在上海当学徒好几年了。（fig.2）

时间是 1929 年，未及弱冠的陈成达从温州来到上海做学徒，主学钳工。在那个年代，钳工又被人们称为“外国铜匠”[1]，“手艺高超、一专多能”

1. 20 世纪初期，上海出现配钥匙的摊位，人们惊讶赞叹，觉得这样的老师傅本事太大了，几乎无所不能，多少带点崇洋意味地称之为“外国铜匠”。虽然还是手艺人，但因为手艺高超，一专多能，“外国铜匠”要比其他手艺人地位高很多，受人尊敬，收入也很可观。后来，大家把那些修理汽车的老师傅或者在工厂里修理机器的能工巧匠也称之为“外国铜匠”，此类称呼一直延续到 1949 年后才逐渐淡出，后统一称之为钳工。

fig.2 上海至沈家门的新平轮。沦陷时期的沈家门被称为“小上海”，日军把沈家门划为“特别区”，作为日军侵略华东地区的物资转运站。1945年春，新平轮由上海开往宁波，刚出吴淞口约1小时，突遇险沉没，旅客与船员遭难者二千余人，生还者不到十分之一

fig.3 陈凤敏初到上海居住在九龙路，住所前门是电灯桥，即现在的余杭路桥

是烙在他们身上的标签。学徒结束后，陈凤敏父亲几经辗转，找到位于虹口区九龙路电灯桥（今为余杭路桥）下一家同里乡亲开的小型机修工场做“生活”。就这样，时光一晃，回家结婚、生子，平时继续到上海工场做“生活”。到1947年，陈凤敏父亲渐渐在上海站稳了脚跟，7岁的陈凤敏随母亲从温州乡下迁居上海，来到了上海这个大世界里的小工场。（fig.3）

陈凤敏的上海生活，就从九龙路开始了。陈凤敏至今还记得九龙路工场的前门是电灯桥，楼下是父亲的工场间，楼顶上是晒台，中间有二楼和三楼的前厢房、后厢房及亭子间等。因为众多亲戚、同乡的到来，这幢房子就像“七十二家房客”[2]那样住满了人。除了老板兄弟几家人住在前后厢房和亭子间外，房子的小阁楼甚至三角形的电表间都住满了投奔到上海的同乡和亲戚。陈凤敏家因为来得迟，

2.《七十二家房客》是由广东珠影影视制作有限公司出品的广东本土大型粤语情景喜剧，该剧讲述20世纪40年代的民国时期广东广州西关太平街生活着的72家房客的故事，其中有房东与房客的较量，以及街坊生活的酸甜苦辣。

实在没地方了，只能挤进一楼顶上二楼楼板下紧靠着上下楼梯的夹层，一家三口就“蜗居”在这里。这是老上海的石库门房子，夹层很低，以至于大人都没法站直，幸好有个朝向后门的小窗，让这个夹层不至于显得过于沉闷。从夹层窗口向外看，弄堂里人来人往、熙熙攘攘，别有一番景象。刚从乡下来的陈凤敏整天蜷缩在窗口，好奇地打量着窗外的一切。

来到上海的生活是新奇的，而生活在父亲的身边，也让陈凤敏逐渐感受到父亲的言传身教。她回忆说：“当所坐的三轮车骑上电灯桥头时，远远就能看到父亲在做‘生活’。”对父亲，陈凤敏在内心深处始终都有一种崇拜之情。虽然，来到这里没多久，陈凤敏就挨打了。那天，弄堂里一户人家来了客人，一个五六岁的小女孩背着小皮包，身着花衣裙，脚穿白皮鞋，头扎两股羊角辫，蹦蹦跳跳地跟在大人后面。忽然间，一个手绢包从小女孩的皮包里掉了出来，然而小女孩浑然不知，跟着大人就进了屋。正趴在窗边的陈凤敏目睹了刚才发生的一切，看着手绢包没人要，就飞快跑下楼捡起又回到窗前，打开来看，原来里面包着糖果和花生。还没来得及想，陈凤敏父亲就从楼下工场间走了上来，很生气地质问她：“东西哪里来的？”陈凤敏见势不妙，马上钻出去想逃，谁想父亲反手就抓住了她的衣领，因为太用力，衣领上的第一个扣子也蹦掉了——这件还是陈凤敏母亲的茄紫色提花夹袄，出自陈凤敏外公之手。接下来的情况可想而知，这是父亲第一次打她，这也是父亲最后一次打她。

这人生中唯一的一次挨打，让陈凤敏至今无法忘怀——做人首先要有好的品格，拥有诚实正直远比拥有财富名望更重要。作为家中的长女，父亲对她一直关怀备至。虽然，家乡重男轻女的思想其实非常严重，这在陈凤敏的祖父那里表现得尤为明显。据陈凤敏回忆，祖父虽然育有五个儿子，但还是更偏爱男孩。所以，当陈凤敏母亲连着生了老大、老二、老三都是女孩时，祖父就有点不耐烦地骂开了，而当老四和老六两个弟弟出生时，“祖父高兴坏了，特地托人从乐清老家带了两枚银元，一个给大弟，一个给小弟，我们姊妹四个是没有的”。后来有次回乡扫墓，撩开坟头的杂草和墓碑上的青苔，墓碑上子孙辈那一栏也是清一色没有女孩的名字，这些都在陈凤敏幼小的心灵里留下了深刻的印记。小小的陈凤敏，当时心中便有了一个念头：“只要自己努力，女孩子也未必会比男孩差。”这个念头一直伴随着陈凤敏，成为她日后发奋的动力。

还好，在陈凤敏自己这个小家庭里，父母坚忍、务实，给她灌输的是中国式的梦想和做人准则，这种催人向善、生生不息的力量，也造就了她的智慧与品格。

言传身教有严父 耳濡目染看慈母

陈凤敏一家在九龙路的这个夹层里住了一年左右，后来她父亲在上海亚细亚钢铁厂找到了一份工作，就携家搬到了虬江路。到了 1949 年，亚细亚钢铁厂解散，陈凤敏父亲失业了，在拿到遣散费后，就在虹口区东宝兴路 749 弄胜利坊买了一套房子。说是一套，其实就是位于弄堂最后一排一间用泥糊墙稻草盖顶的土房子，屋内外都是烂泥地和竹篱笆，遇到雨季，外面下大雨，里面也进满了水。一两年后，在陈凤敏五叔的协助下，从江西买了木材修缮住所，房子才改成木板墙，屋顶也盖上了洋瓦，还专门加开了“老虎窗”。风雨飘摇中，这个家总算是有点模样了。

战乱时期的小老百姓，生活艰辛而又无奈。刚搬到这个新家时，为了养家糊口，陈凤敏父亲用买房剩余的钱批发了一些香烟、肥皂、毛巾等日用品，在东宝兴路四川路口拐弯处摆了一个小百货摊。每到中午，陈凤敏都会去给父亲送饭，这也让她有机会进一步体会到父亲的艰辛和生活的不易。有一次陈凤敏去送饭的时候，两个肩挎长枪的国民党兵痞走到她父亲的摊位上，顺手拿了几盒香烟和火柴，若无其事地点了一根之后便扬长而去了。面对这种情势，陈凤敏父亲所能做的只有面无表情一声不响，看着那两个兵远远的走了。这件事给陈凤敏留下了深刻的印象，直到现在，每次路过那个地方，那种心酸和无奈便涌上心头。（fig.4）

小百货摊的经营不足以让这个家好起来，生活窘迫，这时候饭桌上唯一的荤菜就是皮蛋蘸酱油，因为皮蛋还要留给活计最重的父亲吃，小孩子只能吃吃皮蛋蘸过的酱油拌饭。当年那条街的拐角上，西药房隔壁的广东熟食店橱窗里，摆着鸡鸭鱼

fig.4 解放军进上海不扰民，与战乱时期国民党士兵的行为形成鲜明对照

肉和还有广东人爱吃的“龙虱”（一种外形像蟑螂、油汆过的昆虫），那时的陈凤敏只能在窗外张望。

小时候生活的窘境，弟妹们至今记忆犹新，每当相聚时都会互相提起，并谆告下一代：现在有吃了，要知道没吃的情景。“注意节约，不要铺张浪费”这十个字几乎成了陈凤敏的口头禅。对于吃，她常常不那么在意。

经商做生意不是陈凤敏父亲的强项，因此摆摊没多久就收了。14 岁就出来学徒的陈凤敏父亲，练就了一身本领，虽然专业工种是看似粗笨的钳工，但细活做起来也是一把好手，这时开始逐步尝试发挥自己在手艺和智慧方面的长处，一方面依靠手工赚点小钱，一方面变废为宝贴补家用。在这个过程中，陈凤敏逐渐参与了进来，或许这也是她后来从事研究制造领域的一点家学渊源吧？！

摆摊结束后，为了一家人的生计，陈凤敏父亲开始到虬江路旧货市场收集旧货做再加工专卖的营生。一种是收集旧的、坏的活络扳头，回来精心烧焊整修，变成新的卖出去；或者把淘来的一捆捆旧铁丝，截断、打直、除锈，做成一袋袋一筐筐的铁钉卖出去。于是乎那时候陈家几乎变成了一个工场车间，年少的陈凤敏也参与其中，拿榔头、握锉刀、把钢锯，都有模有样，乐在其中。以至于陈凤敏母亲半是玩笑半是责备地说：“人家女孩子学绣花，你是成天跟铁打交道，舞枪弄棒的。”

虽然只有初小文化，也从未接受过高等专业教育，陈凤敏父亲的机械修理图却画得十分出色。陈凤敏回忆，有一段时间，父亲业余时间热衷于修理无线电收音机，就自己设计线路，为此还专门买书研究扩音设备的制作。那时候扩音机外接的喇叭都是纸盆做的，内芯上有漆包线绕的音圈，喇叭音质好坏与纸盆的厚薄、纸的质量及绕制音圈的漆包线粗细、圈数都有着直接的关系。这种事情自然也不能没有陈凤敏的参与，她跟在父亲后面，父亲装大而复杂的电子管收音机，她就装小而简单的矿石收音机，父女俩常常会为各自收音机的音质音量调试到深夜。这样栩栩如生的画面，陈凤敏至今回忆起来仍颇有感慨。（fig.5）

忙于生计之余，陈凤敏父亲还想出各种办法变废为宝，以作家用。记得还在摆摊卖肥皂百货的时候，陈凤敏父亲就开始把固本肥皂箱加工改装成放碗、放菜的“架橱”，还去市场上淘些皮袄改做皮背心，这也是一门很专业的手艺活，俗称“雕皮”。后来家里兄弟姊妹多了，床不够用，陈凤敏父亲又去旧货市场淘来铁管子，到烧电焊的地方按照尺寸加工成床架。在弯管造型时，为避免管子受热后弯曲变形，就在里面灌满沙子，这样加工出来的铁床架既标准又漂亮。吃饭的桌子小了，陈凤敏父亲又自己设计加工制作了一张椭圆形的长桌。逢年过节，一家人团坐在一起吃饭，虽然没有什么山珍海味，却也其乐融融，非常热闹。“如果不是住家几次搬迁，这些铁床架和椭圆形饭桌应该还会很好地留着，几十年也不会坏。”陈凤敏留恋道。

fig.5 父亲在家装收音机

陈家虽然日子一直过得有点紧巴，但陈凤敏父亲在做事、穿着等方面却十分讲究，从不随便马虎。在家里谁吃饭讲话咀嚼出声、拿了东西不关上抽屉、做完作业不收拾干净桌面等，都会受到训斥。父亲自己也会以身作则，家教示范。

对于父亲，陈凤敏自言几天几夜也说不完。父亲识字不多，平常也不善言辞，很少写信留字，兄弟姊妹几个里面，只有陈凤敏与父亲有书信往来，每封信都无不浸透着父亲的谆谆教导和殷切希望。多年以后，陈凤敏毕业参加工作，结婚生子、组建家庭，开始过她自己的“小日子”，但她心底最牵挂的地方还是父母家。每当她去吴淞张庙看望老人，返程时父亲都要坚持送她到小区门口马路边的 95 路车站，然后等着公共汽车开动，他再挥手示意再见。每每想起当时的情景，陈凤敏就禁不住落泪。（fig.6）

如果父亲在陈凤敏一生中扮演着榜样的角色，那么母亲的刚毅则给了陈凤敏自信的资本。

陈凤敏母亲缪桂香（1921—2006）是一位传统的中国家庭妇女，生儿育女，操持家务，任劳任怨。晚年的陈凤敏母亲经常挂在嘴边的一句话是“看淡了”，看似风轻云淡的语气背后，多少透露着她这一生吃尽的千辛万苦，所经历的千难万险，以及想告诉世人、同辈以及子女的千言万语。

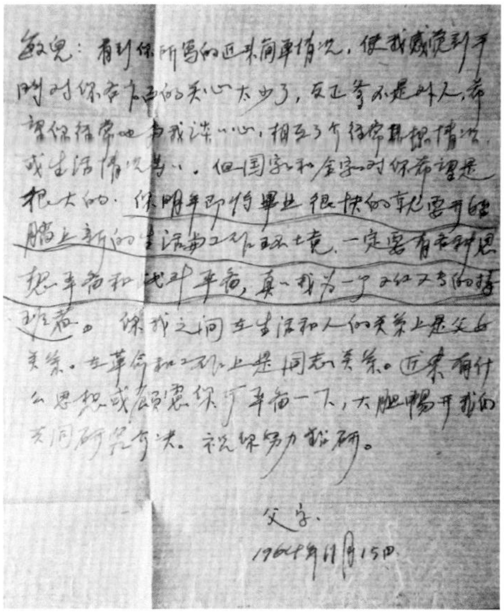
敏儿：看到你所写的近来简单情况，使我感觉到平时对你在各方面的关心太少了，反正爹不是外人，希望你经常地向我谈谈心，相互了解经常思想情况或生活情况等等。但国家和全家对你希望是很大的。你明年即将毕业，很快的就要开始踏上新的生活和工作环境，一定要有各种思想准备和战斗准备，真正成为一个又红又专的接班者。你我之间在生活和人的关系上是父女关系，在革命和工作上是同志关系。近来有什么思想或顾虑你准备一下，大胆畅开我们共同研究办法。祝你努力钻研。

父字

1964年11月15日

fig.6 父亲家书

陈凤敏母亲也是温州乐清人，生于福溪乡以东十五六公里外的大荆镇，这里也是雁荡山的东大门。陈凤敏外祖父是裁缝，虽然家里算不上大富大贵，“但因母亲是家中独女，从小就被外祖父母视为掌上明珠，宝贝得很，所有吃的、穿的、用的，总是竭尽所能把最好的都给母亲”，陈凤敏讲述了一个细节，“那时左邻右舍

fig.7 父母在普陀山的订婚照（中间端坐者为未曾谋面的外婆）

有生儿育女成亲出嫁各种喜事的，送来的喜糖喜蛋外祖父母都会留给母亲一个人吃，以至于后来母亲一吃到蛋就要吐，那是吃伤了！”相比于陈凤敏父亲读到小学三年级就外出学徒，陈凤敏母亲则一直读到高小毕业，就那时候的一个女孩子来讲，算是相当有学问的了。

1938 年，17 岁的陈凤敏母亲经人介绍嫁给了年长她六岁的陈凤敏父亲陈成达，从此开始了她来到陈家后“苦难”的一生。结婚两年后，长女陈凤敏出生，因为是个女孩，陈凤敏母亲在重男轻女的乡下极不受人看重，加之陈凤敏祖母外祖母都早早过世，刚满 20 岁的陈凤敏母亲，一边要养育幼小的孩子，一边还要从事喂鸡、喂猪、烧猪食等繁重的家务劳动，对于从小养尊处优的陈凤敏母亲来说，可想有多么的不容易！（fig.7）

常言道，世上没有不弯的路，人间没有不谢的花，苦难宛如天边的雨，说来就来，你无法躲避。陈凤敏母亲一辈子怀过九胎，最后活下来的只有六个孩子。其中，陈凤敏三妹陈美珍是在东宝兴路 749 弄胜利坊居住时，因患痢疾又遇发大水得不到及时救治病故的。“在那个下雨进水的小土屋里，赶上三妹患痢疾，当时大人们只顾往屋外拷水，根本无暇顾及她。病中的三妹坐在泡在水中的小板凳上哭泣的模样至今我还历历在目。”陈凤敏无比伤感地说。此后，陈凤敏的一个弟弟是生不逢时，“1949年，父亲失业，母亲为了贴补家用就帮人家洗衣服，常常用搓衣板顶着肚子，以至于后来分娩时难产，腹中胎儿只能分块夹出。产后出院也没有什么营养和休息，八九岁的我能帮着冲泡一碗红糖水就已经很不错了，这在今天是无法想象的！”还有一对双胞胎中的大妹妹，“那是1950年，双胞胎生下后，十岁的我和母亲一人带一个，常常是一手抱着妹妹，一手扒着饭碗吃饭。后来因为发热出风痧，再加上夜里受凉，老大夭折了，留下的是我抱着吃饭的老二，即现在的三妹。”(fig.8)

陈凤敏现在的大弟出生那年，上海刚刚解放，父亲进入兴亚钢铁厂工作，每月有工资，一家人的生活总算有点保障了。根据陈凤敏的回忆：“当时12岁的我带着大妹妹，穿着新做的列宁装，系着腰带到医院看望母亲和弟弟。根据大人的指点，回家路上，还在菜场买了只鸡给母亲产后滋补。”在陈凤敏看来，“因为大弟弟是我们家的第一个男孩，而且从此以后，父亲又有了稳定的工作，所以从祖父开始，都认为他是我们家的幸运儿，喝牛奶，吃鱼肝油，这是前面几个姊妹从未有过的待遇。”直至老六即陈凤敏最小的弟弟出生，陈凤敏家也从虹口区东宝兴路搬迁到了新建的工人新村“张庙一条街”[3]。(fig.9)

具有高小文化的陈凤敏母亲能读书能看报，比较能接受新思想，在时代的感召下，她也想成为新女性，追求自由，渴望独立，不想再“仰人鼻息”。为此，她千方百计寻找工作，一直向往能有自己的一份事业和劳保。但是因为父母早故，无兄无妹，拖家带口，不得不多次放弃争取到的工作。

第一次，为了争取能去印染厂做印染工，陈凤

3. 建于20世纪60年代的张庙一条街是全国有名的工人新村样板。街面总宽达50米，曾是上海市最宽敞的街道。道路两侧绿树鲜花成荫，沿街住房底层为商店，楼上为住宅。有统计显示，从1962年至1980年，仅“张庙一条街”就接待了来自一百多个国家和地区的贵宾，约十多万人次。

fig.8-1 陈家六个兄弟姊妹与父母的合影，左四为陈凤敏

fig.8-2 陈家父母与部分儿孙合影，右一为陈凤敏

fig.9-1 20 世纪 60 年代的张庙一条街

fig.9-2 20 世纪 80 年代中期的张庙地区

敏母亲只得将 1957 年出生的小弟弟放到托儿所。“那时的托儿所条件很差，和小弟弟一样大小的孩子，常常是流着鼻涕、拖着尿片坐在痰盂上，终日无人照看。”后来陈凤敏小弟弟因发烧未及时治疗罹患了小儿麻痹症，留下脚残，她母亲无奈，只得放弃印染厂的工作。

第二次，一家人搬到张庙一条街的时候，陈凤敏母亲争取到铁合金厂清理烧电焊下脚料“电石糊”的工作。然而由于穿在脚上的防护胶鞋开裂，造成双脚感染溃烂，不得不再次停工。

第三次，在上次脚伤好后没多久，经邻居医生介绍，争取到了在张庙街道医院做清洁工的机会。但此后没隔多久，老大陈凤敏结婚，陈家第一个外孙出生（是一对未足月的双胞胎，其中一个夭折在医院里），为了让自己的子女们上班无忧，陈凤敏母亲只得第三次放弃工作。

陈凤敏母亲自己养大六个子女，又帮忙带看外孙、外孙女及孙子等八个第三代孩子，她的事业和劳保的心愿还没怎么开始就无疾而终了。“好在子女、外孙、孙子长大以后，各自都以尽可能的条件付出孝敬，母亲才得以安慰一些。”陈凤敏回忆道。

陈凤敏母亲平日里话不多，除了训斥儿孙辈不听话之外，从未听她有过大声言语的时候。她一直是以一种超强的容忍性和特有的聪明智慧操持着一家八口人的吃穿住行，以及子女们的读书学习。陈凤敏读大四时，她最小的弟弟也到了上小学的年龄，一下子“六只书包”的学费和吃穿问题都由母亲来计划和安排。（fig.10，fig.11）

生活清苦，为了解决一家人吃菜的问题，陈凤敏母亲常常把一个菜化成两个菜。一把苋菜，叶头炒着吃；梗子去根煮烂，加上臭豆腐，辣椒炒熟，淋上麻油，则又成了一份美味的下饭菜，这就是苋菜梗烧臭豆腐。受母亲的影响，陈家姊妹几乎都会做这个菜。在母亲的精打细算下，陈凤敏六个兄弟姊妹生活虽然不算上乘，却也温饱不愁。在陈凤敏看来，若不是那场众所周知的“大革命”，她们兄弟姊妹几个应该个个都是大学生。

俗话说，女人生子，九死一生。陈凤敏的母亲一辈子生养了九胎，犹如经历了“九九八十一难”，又含辛茹苦帮忙带大了八个孙子辈，这一路走来，子孙们都看在眼里、记在心里。尤其是包括陈凤敏在内的四个女儿，她们继承了母亲的刚毅和韧劲，以及默默奉献的精神，在生活的磨难中，自信地继续着她们的事业和生活。（fig.12）

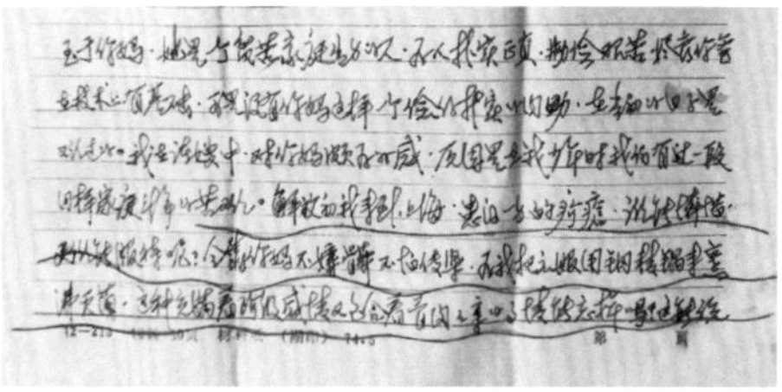

fig.10 五叔（小叔）感谢陈凤敏母亲的家书

fig.11 2006年上海磁悬浮通车，陪母亲观光

差点没去上大学的陈家老大

来上海之前，陈凤敏在雁荡山脚下的乡下还没有正式上过学，只

*fig.*12 阖家欢聚，为母亲庆祝 80 岁生日

是去学校试读过一段时间的二年级。然而有次放学回家的路上，陈凤敏被后面的同学挤下了桥，摔破了额头，父亲把她抱回家后，上学的事情也就不了了之了。初到上海，住在虹口九龙路夹层的时候，陈凤敏也没有上学的机会，直至搬到东宝兴路，这才跟着她母亲四处找学堂。几番周折，终于找到一所学费、距离都可以接受的学校——私立虬江小学。

私立虬江小学是一所位于虬江路石库门弄堂里的私立小学，由当时的校长虞贤兴与几位好友一起合办。“虞校长长相清秀，常戴着一副金丝边眼镜，在四川路群众剧场对面的艺林照相馆橱窗里还摆有他的照片，”陈凤敏回忆，“虞校长平日喜欢京剧，是一名票友。”整个学校的布局也挺有章法，石库门房子的楼上，前厢房、后厢房，包括亭子间都改成了教室，楼下则是老师们办公的场所，操场就在弄堂里。可做的活动也不多，跑步、跳绳、拔河之类，课余时间也会有小贩来兜售零食。

虽然是个私立小学，但在虞校长的组织下，教师们个个热心教学，要求严格，陈凤敏对此尤其记忆深刻。因为之前进过学堂，同时也为了节省几期学费，陈凤敏母亲一来就给她报了三年级，但对于一个没有接受过正规教学，只是零零散散在老家和夜校试读过几天的外地小孩来讲，一来就要跟上同年级同学的进度还是挺难的，陈凤敏为此不得不付出更多的努力。小学三年级开始学写作文，由于基础薄弱，陈凤敏一开始着实不知道如何下手，也因此被班主任语文老师沈友舫训斥过一顿，还被拿作业簿纸塞过耳朵。面对老师的责罚，11 岁的陈凤敏不哭也不闹，颇有志气的她反而较上劲来，并从此喜欢上了写作，作文成绩和学习成绩都变得越来越好。“从小学三年级到六年级，每学期都被评为‘品学兼优’。初中时，作文还常常被树为样板。”陈凤敏回忆道。也正是有着从小打下的基础，后来陈凤敏在大学预科写的短诗《清沙工》还被选入《上海大学生诗选集》出版。（fig.13， fig.14）

清沙工

手拿冷泵当当响，

块块泥沙如水淌，

顾不得铸件烘得脸发烫，

顾不得铁杵震痛臂膀，

只望铸件多入库，

好让钢帅早升帐。

fig.13-1 虬江小学毕业照

fig.13-2 陈凤敏在小学时所获奖状

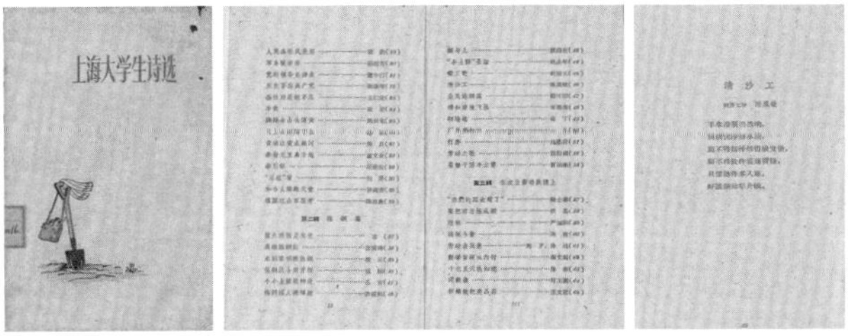

fig.14-1 陈凤敏在大学预科时写的短诗《清沙工》被选入《上海大学生诗选集》出版

fig.14-2 陈凤敏在初中时所获奖状

在虬江路读书的那段时间前后，陈凤敏的四叔陈成福也短暂落脚上海，与陈凤敏一家住在一块。陈成福年轻时曾在国军队伍里当驾驶员，后来在上海开 66 路公交汽车，由于走南闯北，见多识广，对陈凤敏也很好，叔侄俩关系很是和睦，陈成福平时还教陈凤敏读书认字。可惜好景不长，随着国军在大陆节节败退，国民党陆续撤往台湾，身为军人的陈成福也随队，去了台湾。没想到这一别，就是半个多世纪，这也让后来陈凤敏组织两岸四地 AFC 交流活动有了另一重意义。

1955 年，陈凤敏小学毕业，考入和田中学读初中。和田中学离家有着将近一小时的路程，陈凤敏只能带饭上学，中饭就简单在学校凑合吃了。

上了中学，陈凤敏开始承担更多的家务。每天放学后，陈凤敏先做功课，再帮带弟弟妹妹的母亲做家务。那时候家家户户都还没有安装自来水，陈凤敏必须每天去给水站拎八铅桶水装满自家水缸保证全家第二天一天的用水，然后生煤炉烧饭，烤豇豆、烤弥陀芥菜是她常做的两道菜。每天晚上饭后，陈凤敏还要洗一家人的衣服，其中最难洗的就是她父亲在厂里检修机器后换下来的工作服，因为上面满是油污，必须用板刷使劲刷。为了使上力气，陈凤敏就把衣服放在吃饭的饭桌上刷，由于一直被用来洗衣服，这张桌子面上的油漆早已脱落发白，露出一条条又细又密的木纹。

面对如此繁重的家务活，不到15岁的陈凤敏甚至有了疑惑："自己是不是父母亲生的？"因为那时的她称呼自己母亲为"阿姨"，而其他弟妹都叫"姆妈"。直到后来见到堂姐称呼她母亲也谓"阿姨"，而且这是她们温州乡下的叫法，这才打消了陈凤敏心里寻亲的念头。

陈凤敏的初中成绩一直名列前茅，学习上的游刃有余使得陈凤敏课余活动变得丰富起来，她喜欢画画、手工，还爱上了摄影。最开始的装备是堂哥给她的一架旧埃克法135小相机，但摄影是个比较费钱的行当，当时语文老师提醒她："拍照片很花钱，你家有多少钱可以给你玩？"陈凤敏想了想，觉得挺有道理，于是就收手不玩了。那时候流行蒋云仙的评弹《啼笑姻缘》，还有当时上映的我国第一部彩色越剧戏曲片同时也是新中国第一部彩色电影《梁山伯与祝英台》，陈凤敏都专程搬着凳子到横浜桥永安电影院排队买票去看。

因为学习好，班主任历史老师马添源还安排她帮助一个因身体不好而留级的同学刘秉经补课。那时她们经常放学一起回家，做完功课，就在一起玩扑克、听唱片。也正因此学到了不少歌曲，如电影《流浪者》中的《拉兹之歌》、电影《马路天使》里的插曲《四季歌》和《天涯歌女》。这个世界奇妙的地方就在于往往有些意想不到的惊喜，陈凤敏后来才知道刘秉经是她大学无线电班同学后晓江的表姐，这也算是一段渊源吧。

时光到了 1958 年，三年的初中学习生活在来来往往、热热闹闹中结束了，陈凤敏以“品学兼优”奖获得了保送同济大学预科学习的机会。面对这个喜讯，她却高兴不起来，甚至有了放弃的念头。其中的原因简单而苦涩：当时陈凤敏家里有兄弟姊妹六人，加上父亲母亲，全家八口人全靠父亲一个人的工资维持着，如果她上了预科，将来还要直升大学，家里的负担实在是太重了。为此，当时的陈凤敏就想着读个中专，好早点工作为家里分担。

20 世纪 60 年代初的中国，大学生还比较少，而且只有那些家庭条件比较好的子弟才上得起大学。在陈凤敏犹豫不决的时候，正在太原钢厂做技术支援的父亲听说此事，特别写信给她，坚决不同意她上中专。陈凤敏讲述了一个细节：“为了减轻父亲养家的负担，我给当时在太原钢厂的父亲写了封信，表达了放弃保送改考中专以便早日参加工作减轻家庭负担的意思。父亲收到信后立即给我回信，坚决反对我的这种想法，大力鼓励支持我读大学预科。父亲说：‘我们工农子弟上大学是件很不容易的事。’”陈凤敏远在江西的五叔陈成来——自陈凤敏小时在温州乡下时即玩闹在一块，后来几经辗转，成为江西南昌教育局的干事，也是一名中共党员——这时也写信鼓励她：“我们家还没有大学生，你是陈家的第一个大学生……”他们都给予了陈凤敏很高的期望。（fig.15，fig.16）

长辈们的关心和支持，让陈凤敏下定了上大学预科班的决

fig.15-1 1958 年太钢炼钢技术的创举：三槽出钢

fig.15-2 1960 年太钢大型焦炉竣工纪念

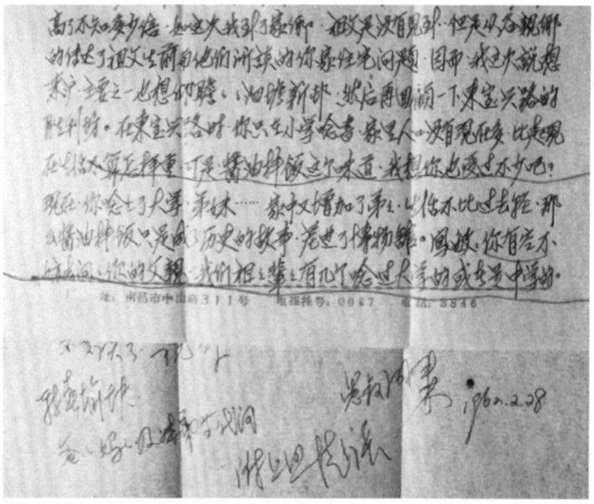

fig.16 五叔鼓励陈凤敏上大学的家书

心。那一年，著名导演王苹执导、八一电影制片厂拍摄的黑白故事片《柳堡的故事》上映，电影的主题曲《九九艳阳天》随着电影热映也被传唱于大江南北。歌曲旋律优美动听，曲调活泼爽朗，让人过耳不忘，陈凤敏逐渐放下了之前的重重顾虑，伴随着这歌曲的旋律，期待着即将到来的大学预科生活。

同济大学工农预科班的“少先队员”

陈凤敏所上的同济大学预科，也是当时时代的特殊产物。新中国成立初期，根据国家工农业战线发展形势的需要，继“速中”（即工农速成中学）之后，陆续落实向工农子弟开放大学高等教育，中央要求有条件的大学都要开办预科班，招收工农子弟学生。

fig.17 1958年四平路上的同济大学校门

4.1954年，在同济大门口挂牌的同济大学工农速成中学成立，同济人一般称其为“同济速中”。1958年，由“同济速中”改组而来的同济大学工农预科在“一·二九”大楼挂牌，同济人一般称其为“同济预科”。1963年“同济预科”改组为同济大学附属中学，直到1970年停办。

1958年4月，中共上海市委根据中央教育部《关于高等学校设置工农预科和举办工农中学的意见和办法》精神，决定在同济大学、复旦大学、上海交通大学、华东师范大学等几所大学增设工农预科。同年8月，经上海市高等教育管理局、教育局同意，同济工农速成中学改为同济大学工农预科[4]，面向市、区、县招收应届初中毕业的优秀工农子弟、革命干部子弟来校学习，学制两年，优秀者可以直升大学。（fig.17）

和其他大学工农预科不同的是，陈凤敏就读的同济大学预科，就在同济大学校园内，预科生也基本享受和普通大学生同等的待遇。比如：预科生佩戴同济大学校徽，配发同济大学学生证，与普通大学生共同参加文体活动；每逢全校性活动，预科班都作为“系”级单位参加。住宿和饮食方面，预科生宿舍一开始在胜利楼（已拆除，原址现为逸夫楼），一年后搬到西北二楼；食堂则在南楼西头顶头西面的大草棚里，预科生一度与大学生们一起站着就餐，后来专设食堂，在南楼西头南面的铁皮房里，现在是学苑饮食广场的东头快餐部。

当年同济大学这批预科生来自上海全市 10 个区 10 个郊县，他们都出自多子女家庭，父母也基本上是工人或农民。这些青年学生从初中一下来到大学校园，如同一只只小鸟，刚刚脱离父母的羽翼呵护来到了一个陌生的世界，只觉得校园大、楼房大、操场大，一切都出奇的大，一切都是那么的好奇，人人脸上都写着“茫然”。接下来的路怎么走，走得好不好，就全仰仗老师的引导了。

幸运的是，陈凤敏他们遇到了一位好老师——同济大学工农预科主任、上海市特级数学教师叶懋英。作为预科主任，叶懋英老师深知，要办好一所学校、育好一批学生，离不开一支高水平、讲团结、肯奉献的教师队伍。当时同济预科班的这支教师队伍，老少中青均有，脾气性格各异，叶懋英老师管理得非常好，并特别关注青年教师的成长。当年也没有高考录取率这根指挥棒，老师们在叶主任带领下，都极其认真、极其负责地上好每一堂课，辅导好每一个学生，从早自习到晚自习，到学习和生活的方方面面[5]。也正因为如此，陈凤敏他们这批预科生才能很快地适应同济大学这个新环境，人人专心学习，积极向上。（fig.18）

也许都是出身工农家庭的缘故，大家学习都非常主动、认真，陈凤敏也是如此，这不仅是她个人自强的体现，背后也承载着一家人的期望。

从小到大，父亲就对陈凤敏要求严格，尤其她还是陈家的老大。对此，陈凤敏回忆道：“作为老大的我，父亲要求更严，期望更高。我小学毕业考入初中，每学期拿着‘品学兼优’奖状回家，对父亲来说，是一大欣慰。父亲从太原钢厂技术支援结束返回上海后，时刻关心着我的学习和功课。为了不让我因为家里条件不足而缺少学习工具，父亲用自己在厂里食堂

5. 吕美安《“师魂苑”是这样落成的》，见《致青春——同济大学工农预科（1958—1964）》，同济大学出版社，2019 年。

fig.18-1 同济大学工农预科 1960 级毕业生合影，前排右一为陈凤敏，二排左三为叶懋英

fig.18-2 预科三班师生在纪念叶懋英老师的“师魂”碑前合影

fig.19 父亲用自己节约下来的饭票卖的钱给陈凤敏买的计算尺

用餐节省下来的饭票退款，为我买了在当时还比较贵的计算尺。”时至今日，陈凤敏依然珍藏着这把计算尺，往事也仿佛历历在目。（fig.19）

那时候，父亲回家常说，车间里的工友凡提起自家的小孩，总会说“老陈的女儿上大学了”。话虽简短，陈凤敏仍能感受到父亲彼时彼刻发自内心的荣耀和自豪。每每想到这里，陈凤敏都更添了格外的动力，“背后有那么多的工友关注着，我怎么能不刻苦学习？！”不仅如此，陈凤敏五叔陈成来

自中学以来也不断给予她各种鼓励，一直通过写信等各种方式做她的思想工作，对陈凤敏的成长帮助也很大。

1959 年，预科班的下学期，由于一直以来的良好表现，陈凤敏经同学沈中其、胡静娟介绍，光荣加入了中国共产主义青年团，正式成为一名团员。后来在团支部的带领下，陈凤敏同大家一样积极参加劳卫制锻炼，远赴崇明高教农场开展围垦劳动和大扫除、灭蚊蝇除四害等活动。（fig.20）

除了紧抓教学，叶懋英老师还十分重视体育锻炼课，她积极鼓励预科班学生参加大学部的各种活动。提到这个，也让陈凤敏想起两个小故事。

一是参加体操队。因为家务劳动，陈凤敏轻松便能跃上高低杠。体育老师罗敏生见她身体柔韧性好，四肢灵活，就让她参加了预科体操队。“正是由于当年的锻炼，那时我洗完衣服去屋顶晾晒，就在‘老虎窗’底下垫个方凳，人站在上面，手一撑窗沿，脚一蹬就跃上了屋顶，现在想起来，那是有我练习体操的功劳。”（fig.21）

二是参加话剧表演。有一年全校（含同济大学大学部）举行学期文艺汇演，陈凤敏在预科班级自编自导自演的话剧《千万不要忘记阶级斗争》中饰演一名少先队员。演出很成功，这名少先队员也很让人注目。汇演结束后，有外系的同学问：“这名少先队员是从同济新村借来的吗？”一时颇有点让人啼笑皆非。陈凤敏解释道：“那时我个子只有一米五，在 18 岁的孩子中算是矮小的，和班级外号叫‘小广东’的梁凤珍同学一起坐在班级的

fig.20 与入团介绍人沈中其、胡静娟合影

*fig.*21 同济大学 58 届工农预科女子体操队，右二为陈凤敏

第一排，所以被人误会也算是情有可原吧。”

提前参与大学生社团活动，让预科生们得以快速成长，无论是在身心发展还是能力提升上，都得到了很好的历练。

两年的预科学习生涯，大家同吃同住同学习，彼此相识相知，亲如兄弟姊妹。很多年以后的今天，同济预科的这批老校友们依然保持着密切联系，互相扶助，成为同济大学老校友群体中一个非常独特的景象。

同济大学广播台的第一个女机务

1960 年，陈凤敏从同济大学预科班毕业，直升同济大学。在“家庭出身”和“社会关系”决定一个人人生轨迹的年代，陈凤敏和她的同学们无疑是幸运的那批，因此他们常都带有一种崇高的荣耀和责任感。在他们的中学毕业典礼上，叶懋英老师语重心长，希望他们这些年轻人能够像一颗颗“红色的种子”播向同济大学的各系各班各专业，进而为新中国的发展强大贡献力量。

进入大学报到后，陈凤敏被安排在机电系无线电专业学习。因为专业对口，在大学一年级时，陈凤敏便经人介绍加入了同济大学广播台机务组，成为广播台有史以来的第一个女机务。（fig.22，fig.23）

相对于男生而言，女生多温柔、耐心，再加上所谓“男女搭配，干活不累”，因此自从陈凤敏到了机务组，值班、作风、招新等方方面面都与以往有些不同，可谓风格大变。不久之后，广播台就再次招了一名女机务。在校党委宣传部的组织下，广播台也经常会到复旦、交大和位于外滩虎丘路的上海人民广播电台参观学习。为给排练的广播剧《年青一代》配乐，机务组总是忙得不亦乐乎。时隔多年，陈凤敏仍然难掩喜悦之情：“当时的机务组真是充满了欢乐与激情。”

学校广播台的工作虽然是课余的，参与其中的同学也都来自全校各系，属于不同年级，不同专业，当然也有不同的家庭条件，不同的社会层次，在广播台里担任的职务也各不相同，但是在与这些同学的接触与交流中，陈凤敏不仅得到了锻炼，更为重要的是广播台的同学们互相都建立了深厚的友谊，甚至在未来的工作岗位上还曾一度产生了交集。如今，尽管毕业离校已有四五十年，大家也都已华发满头，儿孙绕膝，但是他们还是会定期组织聚会，感情也因此日渐深厚。

这里面，同济大学预科小七班的储有良，大学毕业后分配到隧道设计院工作，后经组织培养，调任上海市政工程局党委书记。在上海“三年大变样”的建设大潮中，他带领一班人，一边管理运作数亿元的市政投资项目，一边狠抓廉政建设，确保了“工程竣工但干部不下马”，成为有名的模范干部。储有

fig.22 1961年同济大学无线电专业一年级全班同学在虹口公园合影，前排右一为陈凤敏

fig.23 1963年前后同济大学广播台机务组成员合影，左三为陈凤敏

良对地铁公司和地铁工程建设也十分关心，在陈凤敏被调回市政工程局去地铁公司上班后，他也总不忘跟人介绍“陈凤敏是我的同学”，对陈凤敏后来开展工作多多少少有所助益。

还有一名同在广播台机务组的郑坤生同学，他在同济大学毕业后转战南北，后来任职建设部城乡建设司，是建设部党组成员之一。由于郑坤生比陈凤敏低两届，故一直以来都称呼陈凤敏为老师。正因为这个“老师”的称谓，一度还让他们俩差点失之交臂。那一年郑坤生到上海调研，期间专程来上海地铁看望陈凤敏，他告诉当时上海地铁党委书记鹿金东说“找陈凤敏老师”。然而在鹿金东印象里，陈凤敏并没有当过什么老师（事实也确是如此），一度认为搞错了，直到郑坤生回北京后，才把留条交给陈凤敏。好在留条上有电话，陈凤敏这才和郑坤生又联系上了。后来陈凤敏出差去北京，到建设部见郑坤生，此时的陈凤敏已经在轨道交通 AFC 领域小有成绩，郑坤生顺带帮忙给介绍了建设部轨道交通方面的领导和专家，这也为陈凤敏后来的工作开展带来了一定便利。1997 年，香港回归，陈凤敏的这名同学——郑坤生也被组织选中，出任第一届中央人民政府驻香港特别行政区联络办公室副主任。（fig.24）

fig.24 多年后与同济大学广播台机务组台友郑坤生（中）、王亚勇（右）合影（2016 年）

“想法多”“不安分”的工友“小陈”

1965 年 7 月，在完成同济大学机电系无线电专业五年的课程后，陈凤敏和她的同学们顺利毕业。陈凤敏被分配到上海市城市建设局（后改名市政工程局）隧道设计院三科任见习技术员，主要负责地下隧道的无线通信。不过当时国家规定，所有大学生毕业后均需先经过劳动锻炼或通过“四清”[6]来替代劳动才能参加工作，实在身体不好或者患病的才能例外。于是去设计院报到后不久，陈凤敏就参加了由市政工程局党委副书记、副局长鲁枫带队的基础公司工作队，主要是在某隧道施工工地劳动。

6. 在农村，即清工分、清账目、清仓库和清财物；在城乡，即清思想、清政治、清组织和清经济。

如今看来，这种劳动的安排或许有待商榷，何况劳动任务非常繁重，但陈凤敏那时候却觉得格外有动力。据她回忆说：“作为一名刚毕业参加工作不久的工农大学生，我心中充满了要‘认真革命、接受教育’的信念，身上和心中都有一股用不完的劲。”隧道工地浇捣混凝土时需要输送大量水泥，陈凤敏个子只有一米五，体重不足 90 斤，在一群男工友中算是矮小的，但是她竟然能同其他男工友一起连续 8 小时不间断地用双手传递 50 公斤的水泥包，这让一起参加劳动的人都感到非常吃惊，也由衷敬佩。在近一年的“四清”工作中，陈凤敏始终如一，积极追求上进，颇受广大工友的欢迎和认可。

“四清”工作眼看告一段落，1966 年 6 月“文化大革命”又开始了，陆续返回单位的“四清”工作队员发现隧道设计院早已被造反派“占领”。院内的墙上走廊上都刷着标语，称设计院是“修正主义的大染缸”，陈凤敏等一帮技术人员都是“修正主义苗子”，于是他们再次被下放劳动。

这次下放劳动期间，陈凤敏在隧道四大队浦东工地开过小吊车、拔过混凝土预制板洋钉、扎过钢筋，在隧道机修厂做过电工，开过车床、刨床，甚至在师傅的指导下“剥”过（车工俗语，即车加工）一只摇手柄——据说这是车床三级工的考试水平。这些劳动看上去很单调很辛苦，但正如有句俗语："悲观者说，风是浪的帮凶，能把你埋葬在大海深处；乐观者说，风是帆的伙伴，能把你送到胜利的彼岸。"陈凤敏就是后者，她始终觉得这是一次极好的锻炼学习机会。即便是现在回忆起这段经历，陈凤敏仍然难掩感激之情："那段经历对我后来的科研、工作和学习都有很大帮助，尤其是我在 AFC 课题研发过程中，碰到金加工、电气连接等工艺时，一种'似曾相识'的老朋友感觉油然而生，必须要归功于当年的劳动锻炼和技术积累。"

时光一晃就是七八年。"文革"后期，国家陆续开始落实"知识分子"政策。1973 年，与陈凤敏一同被下放劳动的"知识分子"中有四五人被安排到同属市政工程局的市政工程研究所，其中就有陈凤敏的好友、著名演员范雪朋的女儿范小朋。根据专业背景，陈凤敏被安排到仪表科，从事桥梁和房屋建筑试块的耐压力与应力应变测试工作。不过很不凑巧的是，当时陈凤敏家住吴淞区，而市政工程研究所远在徐家汇路，交通很不方便，她每天都要挤 95 路、66 路、20 路三辆公交车去上班，路途往返耗时往往超过 3 个小时——即便是放在现在的北上广深一线城市，也是难以想象的。主管组织人事工作的俞根林科长了解到情况后，经过组织调动，把她安排到家就近的上海吴淞化工厂。

于是从 1974 年开始，陈凤敏正式到上海吴淞化工厂工作。最开始她被安排在基建科描图，同时跟随老工程师学习新车间供电（动力电、照明电）施工。半年后根据专业被调到仪表车间，负责厂区车间设备改造中的化工仪器仪表施工安装，期间考察学习过南京仪表厂、江苏武进仪表厂等。（fig.25）

做事认真是陈凤敏一贯的风格。在仪表施工安装过程中，陈凤敏十分强调质量，当时她和工友们说得最多的一句话就是：“我们一定要做到每个工序不返工，这就是快，这就是好。”这样的观点陈凤敏一直坚持到今天。陈凤敏回忆说：“工友们看到像我这样小的个子不怕脏不怕累，夏天里蓝色工作服常常被汗水浸透，泛着白花花的盐霜，也就没有意见，非常配合我的工作。”

fig.25 上海吴淞化工厂工作期间外出考察

无论是对待生活，还是工作，陈凤敏总有些不太“安分”，常常想法多多，也许这正是一个成大事者的必要条件。

化工厂是一个充满危险的场所，生产过程中出现“跑、冒、滴、漏”是常有的事。面对这样的工作环境，陈凤敏很想为大家做些什么，常常会提一些合理化建议，也因此得过一些奖励，奖品多是纸和笔之类。但陈凤敏并不沾沾自喜，她总想着更多地学以致用，对于没法发挥自己的专业所长心有不甘，时刻都想着创新。

日积月累，陈凤敏发现化工厂急需做一个项目，即从总厂调度室安置监视器，遥控监视邻近车间和远程车间的生产及工人操作情况。为了获得项目的批准，陈凤敏到处游说，甚至还去江苏无锡、南通电视机厂等地调研。在项目经费申请期间，陈凤敏还了解到大学同学唐懋润曾与邮电部一所合作，在上海隧道中尝试用电话线传输电视图像，此后她又大量涉猎相关专业书籍，尤其是看过南京邮电学院毕厚杰教授翻译的《图像传输》一书以后，陈凤敏再也坐不住了。

在总厂调度科长及厂计划科人员的支持下，关于图像传输 2 万元的项目经费终于批下来了。按照当时（20 世纪 70 年代）的行情，2 万元对一个基层的工厂来说，着实是一笔不小的数字。照理说陈凤敏应该高兴，终于可以大干一场了，但情况比她想象的要复杂得多。化工厂环境复杂，各个车间的布局不仅分散，间距还大，甚至横跨铁路，同时与上钢一厂输氧管道连接也是个棘手的问题。陈凤敏一边摸索，一边钻研，还主动给毕厚杰教授写了封信，在信中她主要介绍了工厂当时的情况以及上图像传输项目的意义，希望能得到他的帮助和指导。

信发出去之后，陈凤敏也没抱太大希望，毕竟“人家是大学教授”，未必有空理会这个“不太相干”的项目。然而时隔不久，毕厚杰教授居然回信了，这让陈凤敏喜出望外。毕厚杰教授在信中赞扬了他们的大胆想法，但同时也指出电话线传输图像在日本尚处在实验室阶段，要应用在实际工程中还是有难度的。

毕厚杰教授的回信让陈凤敏进退维谷：项目继续上，困难大，把握小；项目不上，说服领导批准立项的她，又该如何交待？“那时候我的心理压力和烦恼无人能理解，也无人能帮我解脱。”陈凤敏回忆说。

最终陈凤敏还是决定坚持下去，她一面顶着巨大的压力，一面继续调研，寻求尽可能多的帮助。为了完成这一课题，陈凤敏还重返同济大学校园，与机电系（当时已改为自动化系）无线电教研室的老师合作攻坚。最后历经两年的努力，陈凤敏终于完成了用电话线传输图像，并实现了“一头多尾”带遥控的功能，即从总厂调度室遥控安装在车间的摄像机云台，水平可往返直线移动 180 度，并可在原点遥控旋转 360 度，用多台摄像机可以把图像从各个相关车间输送到厂总调室一台（或多台）监视器上，并进行操作。不过因为是通过电话线传输图像，不是专用视频线，所以传输过来的图像清晰度

fig.26 1983年在黄山巧遇毕厚杰教授（左三）

还是有限，但遥控监测的项目目标还是成功实现了。这个项目让陈凤敏收获很大，她还发表了相关论文，也因此在圈内有了小小的名气。1983年，陈凤敏被邀请去黄山参加化工部组织的技术交流会并作报告。会议期间，陈凤敏听说毕厚杰教授也来了，就想去见见这位从未谋面的教授，好好汇报一下研发的情况。（fig.26）

这是一个十分戏剧性的情景：当会务组人员将陈凤敏领到毕厚杰教授住处后，陈凤敏首先自报家门："毕老师，我是陈凤敏。"毕教授看见她有点惊讶："呀，你是女的啊，我还以为是男的。心想这小伙子干劲真大，一定要搞成用电话线送图像。"两人一见如故，就着图像传输的话题一说就收不住了，共同的话题和对学术钻研的态度让他们成为莫逆之交。此后，陈凤敏还邀请毕厚杰教授来工厂参观，毕厚杰教授则不仅介绍她参加通信学会，还介绍她认识了来自浙江大学、北京邮电学院和上海交通大学等高校图像通信领域的专家教授，让她受益匪浅。

1983年9月29日，因在工作中持续出色的表现，陈凤敏被上海市化工局评为工程师。

第二章
开局：峥嵘岁月里的困顿与奋进

在中国，第一个提出 AFC 理念的人是我的老师，当时上海市地铁公司的总工程师王振信先生，我是致力于实现他理念的第一人。

——陈凤敏

“在豆腐里打洞”——上海的第一批地铁人

也许是命运的安排，让陈凤敏与地铁，特别是与地铁自动售检票（AFC）系统结下了不解之缘，尽管 AFC 仅仅是整个地铁大布局中的一个小专业。这一切还得从上海建造地铁说起。

早在 20 世纪 50 年代，周恩来总理在视察上海时就对时任上海市委书记处书记陈丕显指出，要把建设上海地铁提上议事日程，他说：“上海需要建造地铁，每年建一、二公里。”据说，当年苏联在卫国战争时，莫斯科地铁就是这样一年一公里、一年一公里地建成的。此后不久，1958 年 8 月，上海市专门组建了地下铁道筹建处，并特别指派时任副市长的牛树才挂帅兼任主任，主管筹建工作，由此可见当时中央和上海市领导对上海地下铁道建设的高度重视。

但牛树才只是兼任主任，筹建处具体的工作是由一位在抗战时期参加革命的老干部李立知主持。李立知历任上海市港务局副局长、普陀区区长等职，1956 年因患有严重的强迫性官能症住院治疗、休养。老革命的干事热情不可低估，尽管上级在调李立知来地下铁道筹建处时表示还是希望他以养病为主，协助工作，但他抱病主持工作。为尽快组建筹建处工作班子、顺利开展各项工作，他采用战场上的“迂回战术”，将设计研究任务一一分解，分派给上海煤矿设计院、上海市政工程设计院、华东工业建筑设计院等各大设计院，从中挑选合适的人员承担相关工作，同时定期进行集中办公，待到条件成熟，再一一办理正式的调动手续。如此一来，不仅能保障筹建处工作第一时间起步，也能在相互磨合中了解每个人的特点，为未来整个团队的发展奠定良好基础。当时的上海地下铁道筹建处可谓人才济济，不仅有同济大学李国豪教授和俞调梅教授担任技术指导，各大设计院调过来的也都是年轻技术骨干。上海的这第一批地铁人，在资料、技术、设备、人员和物质等都极度匮乏的情况下，结合新中国成立后特殊的时代背景，坚持以“平战结合、以战为主”的指导方针，时不我待地开展上海地铁工程的方案设计和技术经济论证。[7]

然而，迎接筹建处这帮精英的首先是来自苏联老大哥的一盆冷水。这是怎么回事呢？

别看如今的上海地铁有着700多公里运营里程的规模，从零发展到现在，早已形成世界级的地铁网络，在当时，上海修建地铁一度成为纸上谈兵。

新中国成立之初，百废待兴，一度非常仰仗苏联老大哥的帮助。上海在建设地铁之初，应邀前来上海调研的苏联老大哥团队组成堪称权威，打头的是当时苏联运输工程部专管地下工程的第一副部长郭茨尼泽和莫斯科地下铁道设计院总工程师安东诺夫，还有其他几个高级专家。陪同苏方专家调

7. 张君龙《为了人民的福祉（四）》，《上海地铁》，2013年4月17日。

研的有时任北京地下铁道工程局副局长韩日翰、上海市基本建设委员会工程师郑汉章和第三设计院马国英、康明慈、孙毓贤等中方专家，由孙毓贤担任翻译。

考察结束后，以郭茨尼泽为首的苏方高级专家团向在场的中方专家发表了对上海修建地铁的看法。大意就是，也许可以给阿基米德在宇宙中找到一个撬动地球的支点，但在上海市地下深埋（即地铁深埋在地面 60 米以下）大规模修建地铁是不可能的。

苏联专家团的依据是，由于地处长江三角洲冲积平原地带，上海地质条件复杂，是典型的饱和含水软土地层，有着含水量高、孔隙比大、承载力低等的先天特性，如同一块豆腐，而想要在这块豆腐地下面深埋建造地铁，难度甚至大过帮阿基米德在宇宙中找到一个支点把地球撬起来。[8]

郭茨尼泽当时还郑重其事地提醒在场的中方专家："应该注意，在上海的地质情况下，深埋到地下 40 ～ 50 米，对爆破弹也不起什么作用，在这种地方修建深埋地下铁道的方案是不能推荐的，除非真的在深度 50 ～ 60 米之间发现厚度达 30 米的不透水黏土层。做到基岩里去的方案是个不现实的幻想，也很难证实它的必要性。"郭茨尼泽甚至断言，无论怎么研究，都会得出相同的结论，与其费时费力研究上海修建地铁的可能性，不如把技术力量用到更需要的地方。

苏联专家的话虽然没把上海修建地铁的可能性彻底堵死，但如果不能深埋修建地铁，上海地铁将无法实现大规模建设，这跟上海不能修建地铁的论断无疑是大同小异，没有本质区别。

其实，作为苏联地下工程的第一副部长，郭茨

8. 张君龙《为了人民的福祉（五）》，《上海地铁》，2013 年 5 月 2 日。

尼泽在修建地铁上一直是坚决主张深埋反对浅埋的，但在上海修建地铁这个问题上，他竟然与所有的苏联专家一样，坚决主张浅埋。原因也很简单，一是在饱和含水软土地层的上海中心地域里用深埋修建地铁，史上没有先例；二是苏联列宁格勒地铁修建在第三系隔水的黏土层中，比上海的地质条件要好得多，然而修建后，在隧道的上方和两侧相当范围内，都发现过从几厘米到几十厘米不等的地面沉陷，影响了地面建筑的稳固。

尽管如此，上海地下铁道筹建处并未放弃深埋的想法，仍然坚持对深埋和浅埋的方案同时研究[9]。作为地铁筹建工作的关键，埋设方案除了需要从技术、经济上作谨慎深入的研究和详尽的比较论证，在那个年代还必须要首先考虑国防的需要。

当时上海警备区司令部明确强调：作为我国东南沿海门户、国防战略要地和重要工业基地，上海地下铁道的建设必须结合整个上海市的防卫计划展开。因此，上海地铁建设必须首先从加强军事防御体系出发，其次是满足党政机关和市民防空需求，最后才是交通出行的目标。此外，上海这座城市的重要性还要求地铁设计深度能经受住大型原子弹、氢弹等核武器的袭击。根据这个标准，上海地铁在郊区埋深至少30米以下，市区埋深至少100米以下，对军事行动有特别重要意义的南北线文化广场至北火车站段和东西线中苏友好大厦至外滩段，甚至需要埋入基岩。

1959年10月，赶上十周年国庆，上海市地下铁道筹建处组织了科研机构、大专院校和设计单位的多名工程技术人员，编制出一份上海地下铁道深、

9. 张君龙《为了人民的福祉（六）》，《上海地铁》，2013年5月29日。

中、浅埋网络及施工技术的比较方案，在上海中苏友好大厦向中央和上海市的党、政、军领导作了设计模型的汇报展览，同时向社会各界介绍上海修建地铁的可行性情况。这次地铁设计模型展堪称“上海地铁第一展”，当时中央相关领导在观展后，进一步强调了地下铁道的战备作用。

所以，从国防角度上考虑，深埋是必须条件。为此，筹建处继续攻关，深入研究隧道变形、基础加固、盾构选择、斜隧道施工、竖井施工、乘客提升集散力、工程造价等方面的可行性，反复比较浅、中、深三种埋设深度方案，最后得出的结论是：如将地铁置于地下 300 ～ 500 米的基岩层，对功能要求、工程技术和建设经济均不合理，这条路显然是走不通了。

理论终归是理论，对上海地下铁道建设最具有实际参考价值的是黄浦江越江工程。

正值“一五”期间新中国百废待兴，各种建设大潮不断涌现——上海开发浦东的提议也源于这一时期，不可避免的，兴建黄浦江越江工程的建议提上日程。1956 年 6 月，上海市组织市规划勘测设计院、市政工程设计院和同济大学三家单位分头展开调研，探索越江工程方案。

三家单位的方案交上来之后，1958 年 8 月成立的上海市越江工程研究所仔细看过又认真研究过后，倾向于上海市规划勘测设计院编制的《上海市越江工程规划报告》。该报告从面向生产、便于交通、结合城市总体规划和有利防空、便利施工的原则出发，对宁国路、江浦路、公平路、延安路、复兴路、董家渡、江边路、谨记路（今宛平南路）八处可能建设越江工程的位置作出了分析论证，并建议 1962 年前可在宁国路和董家渡两处各建一个双车道隧道。

1959年6月，国家建筑工程部城市规划局局长王克文应邀带队来沪指导上海城市总体规划编制。10月，上海市城市规划设计院编制《关于上海城市总体规划的初步意见》，基本确定了上海城市的总体发展方向和基本轮廓。该意见结合地下铁道网的布置和浦东的发展规模，提出兴建越江隧道的最佳地点为宁国路、董家渡路及谨记路（远景保留）三处，这与上一份报告在某种程度上是契合的。[10]

虽然越江隧道仅仅是开发浦东的一小段工程，但从性质上来说，它与地下铁道存在很多相通之处。也正因为如此，1959年11月26日，上海市地下铁道筹建处的负责人靳怀刚（传说其曾任铁道游击队最后一任政委）传达了时任中共上海市委书记兼上海市基本建设委员会主任陈丕显的指示："上海先修建黄浦江越江隧道，但要想到地下铁道，并不是修建越江隧道就放弃了地下铁道，对地下铁道要积极筹建。"在这种背景下，1960年2月，上海市隧道工程局成立，主要任务是负责组织与培训越江隧道和地下铁道的设计与施工力量，进行适合于上海地质条件的设计与施工方法的研究。[11]

在前面多方调研的基础上，董家渡路成为越江工程的首选。1960年3月20日，上海市出台了《上海市黄浦江董家渡水下隧道建设方案（计划任务书）》。8月27日，上海市人民委员会又向国家计划委员会提交了《报请审批上海黄浦江隧道工程设计任务书的函》，并具体选址董家渡隔江而望的塘桥地区作为隧道试验地。在此不得不说的是，越江工程的首要考虑因素还是国防，闹中取静比较隐秘的董家渡地段在当时优势明显，塘桥试验就这样紧锣密鼓地开展起来。[12]

10. 张君龙《为了人民的福祉（十一）》，《上海地铁》，2013年8月21日。

11. 张君龙《为了人民的福祉（六）》，《上海地铁》，2013年5月29日。

12. 张君龙《为了人民的福祉（十一）》，《上海地铁》，2013年8月21日。

事后来看，塘桥试验奠定了上海地铁成功的基础。（fig.1）

从参与的人来看，刘建航、王振信、巢品生、王瑞华等都成了上海地铁先驱者。塘桥试验当时是极度机密的工程，汇集的这批人也都是一时英才。其中，刘建航毕业于上海交通大学土木工程系，曾参与支前公路修建工程、治淮工程、上海地下铁道的设计模型制作，这次塘桥试验主要负责研究盾构隧道衬砌结构和防水重任；王振信毕业于圣约翰大学，精通英、俄、日、法四国语言，主要负责盾构施工技术，充分利用其外语特长把极为有限的国外参考资料作用发挥到极致；巢品生毕业于上海交通大学机械系，主要负责研制盾构设备，在塘桥试验之前曾在上海铁路局机务段任段总工程师等职。[13]

fig.1 塘桥试验段工地

这批初出茅庐的年轻人，虽然都毕业于各大名校，又在不同岗位历经考验，但他们面临的困难也是显而易见的。时值中苏关系恶化，加上三年自然灾害，国际国内环境都不容乐观，一无苏联专家的指点，二无出国考察的条件，三缺可供参考的国外系统技术资料，四极度缺乏研制高精度、高强度、高防水衬砌（一种隧道建设常见的永久性支护结构）的技术和物质条件，更不用说他们住的是芦席棚，吃的是馒头咸菜，真可谓是一穷二白[14]。尽管如此，这批年轻人耐得住清苦，守得住信念，不迷信外国权威，特别是身为上海隧道局三科科

13. 张君龙《为了人民的福祉（八）》，《上海地铁》,2013年6日26日。
14. 张君龙《为了人民的福祉（七）》，《上海地铁》,2013年6月13日。

长的刘建航说：“比起外国专家，我们更了解自己脚下这片土地的真实情况和特点，在上海建地铁，还得依靠我们自己来想办法。”[15]

当时，世界上还没有在饱和软土层的盾构法隧道中使用单层拼装式钢筋混凝土衬砌的成功经验。苏联曾对此做过尝试，不仅无功而返，还对这种方法 say never。刘建航他们一边研究苏联纳乌莫夫的《盾构法隧道》《地下隧道》，以及英、美、法、德、日等国外杂志上的一些技术资料[16]，一边请唐山铁道学院施仲衡老师等前来讲授盾构法施工知识，不断研究实验，终于获取了盾构设计制造、盾构施工、装配式衬砌结构及其防水等方面的基本经验和知识。此后再接再厉，最终于 1962 年成功自主设计建造了一台直径 4.2 米的开胸式盾构，进而又将其成功应用于总长 1332 米的市区地铁试验隧道和黄浦江越江隧道建设，开拓出一条在饱和软弱土层的盾构法隧道中采用单层拼装式钢筋混凝土衬砌的新路，开创了世界先例。同期研究制造出了配套的盾构管片等，为上海地铁和越江隧道建设培养了第一支设计和施工队伍[17]。“在豆腐里打洞”，这个曾经被苏联专家断定比给阿基米德找个撬起地球的宇宙支点还难的工程难题，被刘建航这帮年轻人攻克了，刘建航后来也被誉为“上海地铁之父”。——说来令人难以置信，参与试验的刘建航、王振信、巢品生、王瑞华等，当时没有一人乘坐过地铁，有的甚至连地铁是什么样子都没有见过。岁月悠悠，历史记住了他们的名字。

盾构法隧道试验获得成功，相当于阿基米德在宇宙中的那个支点找到了，上海修建地铁的技术阻碍也就没有了，地铁隧道和地铁站试验紧随其后开展了起来。试验地点经多方研究，

15. 王汉军、冯爱军《中国地铁 60 年——人和事（1956—2016）》，中国建筑工业出版社，2017 年。
16. 张君龙《为了人民的福祉（十）》，《上海地铁》，2013 年 8 月 7 日。
17. 张君龙《为了人民的福祉（十二）》，《上海地铁》，2013 年 9 月 4 日。

18. 王汉军、冯爱军《中国地铁 60 年——人和事（1956—2016）》，中国建筑工业出版社，2017 年。

选中了衡山公园这个地方，名为“60 工程”，这是一个完全保密的工程。据当年家住徐家汇的人说，那时候左邻右舍都觉得很奇怪：好好的，造得高高的一栋楼，第二天起来就不见了！1965 年，上海市开始在衡山公园地下试建第一座地铁站，设计 35 米以下的中埋深度，车站长 80 米、宽 20 米、高 20 米，又挖了两条 600 米长的隧道连接到衡山路，一年多后，成功完成了一井一站和 660 米区间的两条隧道。不过不久后受到“文革”波及，上海地铁工程被迫暂停。

此后一直到“文革”结束，1978 年，在工程整整停止 11 年后，随着 1 号线漕宝路车站试验段工程的开启，“1 号线一井一区间工程”才又一次正式拉开帷幕，到 1983 年基本完成整个试验段工程。虽然最终因为适用性等方面原因，这个车座和地下隧道没能真正融入 1 号线建设中，但它开创了国内盾构法施工的先河，为此后上海地铁大规模建设奠定了坚实的基础。

如今，衡山公园地下仍保留着当时的人防设施。很少有人知道，这里曾经是上海最早试验建造的“小地铁站”。[18]

归队：上海市地铁公司的 No.14

盾构法成功后，1983 年，上海市计委批准了上海市隧道公司的《地铁盾构法试验段计划任务书》《槽壁法（即地下连续墙法）试验井计划任务书》，将其列入上海市当年的基本建设计划。

地铁试验工程在漕溪路段得以继续开展，并在建委组织下成立上海市地下铁道筹建处，不设具体单位，由隧道公司兼办相关业务。

从前辈们攻克“在上海建设隧道的技术难关”事例中，可以看到：陈凤敏等课题组成员在没有图纸、没有样机、没有应用先例的情况下，要研制 AFC 设备、掌握 AFC 技术会有多么的困难和艰苦！

随着改革开放形势的发展，上海人车拥挤，乘车难、过江难、行路难已成为城市刻不容缓亟需解决的矛盾问题，建设多平面交通体系势在必行，仅仅一个上海地铁筹备处已经远远不能满足上海建设地铁的迫切需求。于是 1985 年，在国务院批准上海建设地铁 1 号线后，上海市地铁公司应运而生。

地铁是一个非常复杂的系统工程，对各方面专业人才的需求量非常大。所以地铁公司在成立后，首要任务是“招兵买马”，以解决人员紧缺的现实难题。

此时的陈凤敏，作为一个因上下班通勤困难而从市政工程局“出走”的人，已在吴淞化工厂工作了 11 年之久。虽然人在化工厂，但陈凤敏干的主要还是摄像监控这块的活，就她的专业，放在化工厂这个大社会的小环境里，显得多多少少有点“小众”，甚至被人认为是“业余工作”。陈凤敏很无奈：自己所学为无线电，图像通信也在专业范畴，于化工厂整体发展也多有助益，怎么就成了“业余工作”了呢？为此她多少也有点困惑。对于从小志气满满的她来说，对学无以致用进而无法最大化发挥自身的价值是无法接受的，尽管此时的她已被评为工程师。

于是，在报纸上看到上海市地铁公司成立的消息后，在化工厂没什么存在感的陈凤敏一心想要“归队”，回到市政工程局，回到隧道设计院，回归到她的老本行做地下通信。感觉时不我待的她，随后给上海市地铁公司写了封信，表达了“归队”的意愿。

按理说，虽然陈凤敏在吴淞化工厂做的不是化工主业，但化工厂各方面条件也都不错，11 年的工作经历让她对之有了一种难以割舍的感情，而此时的上海市地铁公司，草创之初，筚路蓝缕，很多事都要从零起步，加上她自己也已步入中年，俨然一个大写的未知状态。但陈凤敏心意已决，她想要在自己的专长领域更大程度地发挥自己的价值。

收到陈凤敏写来的信，正四处招人的上海市地铁公司自然热烈欢迎，很快就来吴淞化工厂要人了。但吴淞化工厂却没有放人的意思，毕竟人才难得，陈凤敏又是厂里负责图像通信领域的骨干，为此厂长上门游说，人事部又以档案相阻，三方一时间僵持不下。

正在大家都一筹莫展之际，市政工程局党委书记崔鸿祥（此前也是上海隧道工程设计院的党总支书记）听说这个情况，了解个中情由的他对负责调干的人事科干部说：“人是从我们这儿出去的，不用看档案。”这才让快要僵死的棋局活了起来。此后不久，人事科伏相华就到吴淞化工厂把陈凤敏调回了市政工程局，随即安排到上海市地铁公司运营部，参与通信信号专业工作。

1985 年 4 月，陈凤敏正式到上海市地铁公司上班。

刚成立的地铁公司坐落在衡山路 12 号，大院里面没有一条完整的道路，也没有一幢像样的办公楼，环境和条件都比较差，工作量大工资却不高，周末加班是家常便饭，月奖金也只有区区 5 块钱。在人员组成方面，虽然从上海市政工程局、上海隧道工程设计院、上海公用事业局及全国各地从事铁路、隧道、煤矿井下工作等部门招揽了一批能人，但初创期规模也非常有限，总共才 25 个人。当时去食堂吃饭，大家拿着后勤部统一配发的搪瓷碗，上面按职务编号，陈凤敏的编号是 14 号。想到上海地铁如今的几万人规模正是发端于这 25 个人，多少有点让人感觉不可思议。（fig.2，fig.3）

也正是因为规模小，人员少，上下一团和睦。公司党委书记、总经理、总工程师等领导班子成员也没什么架子，上下班也都是自行车，和全体工作人员之间相处融洽，没有距离，上情下达及时，工作执行也迅速。就是在这样的环境下，上海地铁 1 号线的筹建工作拉开了帷幕。

生活如同一条大河，所谓的“源头”都是后来者标示的产物。为实现上海市民的地铁梦，陈凤敏和她的同事们在忙乱中度过了一天又一天，一月又一月……此时的她已 45 岁，舍弃相对安稳的化工厂工作跑到地铁公司再创业。之后的后半生，她与我国地铁事业发展、轨道交通 AFC 的创建与发展紧紧地联系在一起再未分开（虽然不是一到地铁公司就负责 AFC 业务），并在我国轨道交通 AFC 领域中写下了自己的名字。

fig.2 1988 年衡山路 12 号上海市地铁公司大院及办公楼

fig.3 入职上海市地铁公司后所用的 14 号饭碗

AFC：地铁的 face

为了引出主人公及关键词 AFC，前面作了很多铺垫，到这里才终于有了 AFC 的字眼。提起 AFC，普通人可能都会觉得非常陌生，但是提起 AFC 系统的终端设备——自动检票机（俗称闸机），但凡坐过地铁的人是再熟悉不过了。想要进站乘坐地铁，必须先过闸机这一关。因此在某种意义上，闸机可以说是人们对地铁的第一印象，也是我们了解 AFC 系统的第一道“闸门”。

进入地铁，买完票，再刷卡过闸，看起来非常 easy，但是 AFC 系统绝不仅闸机这么简单，从专业的释义中，我们也可以一窥究竟。

AFC 系统（Automatic Fare Collection System），全称自动售检票系统，是通过对计算机、统计、财务等专业知识的综合运用，来实现轨道交通的售票、检票、计费、收费、统计、清分结算和运行管理等全过程的自动化系统。

1967 年，世界上第一套 AFC 系统在法国巴黎地铁成功安装使用，浪漫的法国人认为 AFC 相当于地铁的 face。法国人认为，人们乘坐地铁，首先遇到的就是购票、检票问题，如果这个系统不好，就很难达到给人们一个“安全、舒适、便捷”的轨道交通的目标；而且 AFC 与地铁内通信、信号、供电、环控等专业不同，它是直接面向每位乘客的，更能体现轨道交通设计者、建设者、管理者的水准。所以从这个角度来看，法国人的这个比喻非常贴切。

国内的轨道交通 AFC 厂商中，方正地铁售检票系统广告词就有点这个味道，通过一组情景和一段文案，刻画出了轨道交通 AFC 系统亲民、便捷而又带点温情的形象，令人印象深刻：

每天我都在这里，向从不迟到的他说一声早安；向刚刚踏上社会的她讲一句加油；或是跟离别的他们道一句珍重。这里只是大都市的平凡角落，人来人往中我祝福所有的出发，也迎接所有的到达，我是谁？你看不见我，我是方正地铁售检票系统。

有利于提升轨道交通行业的社会形象和服务区域形象，这仅仅是轨道交通 AFC 系统的衍生效应。AFC 系统的本质，诚如邓先平、陈凤敏在 2005 年 6 月《都市快轨交通》发表的《我国城市轨道交通 AFC 系统的现状及发展》概括的那样："在地铁大系统中，自动售检票（AFC）系统以其高度的智能化设计，扮演着售票员、检票员、会计、统计、审计等角色，以数据收集和控制系统实现了票务管理的高度自动化。"

其实，用通俗的语言来讲，AFC 系统的本质就是代替人工售检票，不仅如此，AFC 系统还会通过"计算"带来额外的助力。一个成熟的 AFC 系统，不仅可大大提高轨道交通的运营管理水平，保障轨道交通公司的票务收益，也有利于落实管理责任，保障地铁票务交易数据和交易信息的安全。落在广大市民身上，最大的便利就是简化操作，方便出行，提高乘客的出行效率；对政府管理部门和地铁运营方来说，AFC 系统的落地有助于提供准确的地铁客流、票务统计等分析数据，不仅大大减少现金交易以及随之而来的人工记账和统计工作负担，有效提高工作效率和准确率，更为后续的地铁运营提供精准的数据服务。

这就是 AFC 系统！

初识 AFC

前面也提到，陈凤敏并不是一到上海市地铁公司就负责AFC系统业务的。刚成立不久的上海市地铁公司，尽管从各大设计院和相关单位引进了不少技术人员，但总体上还是满足不了地铁工程设计建设的巨大需要，也正是因为如此，当时在编的每个技术人员在负责本职工作之外，差不多都要同时承担其他几个专业的工作。那时候的陈凤敏，被分在弱电组，但是除了这块工作，她还要与隧道设计院等单位的专业人员参加通信专业、信号专业及AFC系统专业的内外咨询、交流和技术会谈活动。这也是她与AFC系统结缘的开始。

在这段时期，陈凤敏和同事们先后参与过多个国际知名厂商或专家的交流会，这其中包括日本国际事业协力团（JICA）、中国香港地铁咨询专家（当时还是英国人）、美国GFI公司、美国Cubic公司、法国达索公司、法国CGA（后更名为泰雷兹（THALES））公司、日本信号公司、日本欧姆龙（OMRON）公司、日本三菱公司、日本丸红公司等，都是业内实力担当。当时改革开放大势所趋，而地铁相对来说又是一个讲究高端科技的“新事物”，尽管经验相对匮乏，但陈凤敏和她的同事们都深感兴奋。尤其是对什么事情都喜欢钻研的陈凤敏，更是如此：“在这种日复一日的紧张忙碌下，大家都觉得很累，但也很兴奋，因为从‘实战’中可以获得在课堂上学不到的知识与经验，而且不容易忘掉。”据她现在回忆，尽管那时候非常忙碌，但与国际厂商和专家的交流还是让她收获良多，明显提高了对专业技术的了解，也进一步提升了在谈判方面的能力。而在这么多次交流学习过程中，陈凤敏

也结识了不少国外专家同行，彼此建立了非常深厚的友谊，这为她后来开展工作带来很大方便。（fig.4）

来自香港的地铁专家陈慕廉（Paul Chan）博士，是上海地铁 1 号线 AFC 设备顾问[19]，后来也成为陈凤敏的好朋友。1997 年，陈凤敏随地铁公司 AFC 专业团队一起前往美国圣地亚哥进行设计联络，陈慕廉博士陪同前往，其间给与了他们许多指导。此后陈凤敏但凡去香港地铁参观考察，陈慕廉博士都竭尽所能提供帮助，无论是在地铁参观还是在资料分享方面。2013 年，他们还一起参团去了西藏；2014 年，他们在上海一同会见了原地铁公司的老同事，相互之间的联络从未间断。（fig.5，fig.6）

美国 Cubic 公司的市场部总经理黄庆如（Richard H.Wong）先生，是个美籍华人，祖籍广东。黄庆如先生非常看好 AFC 系统在中国的发展，为了争取上海地铁 1 号线的 AFC 系统项目，他从 1988 年开始就一直与陈凤敏团队保持联系，到 1997 年成功中标，历经“八年抗战”，可谓执着。之后到 1998 年，他又率队成功拿下上海地铁 1 号线、2 号线和广州地铁 1 号线的 AFC 系统项目（当时陈凤敏是广州地铁顾问、

19. 1979 年，香港地铁首条线路开通时就采用了 AFC 系统，是中国的首个 AFC 系统。

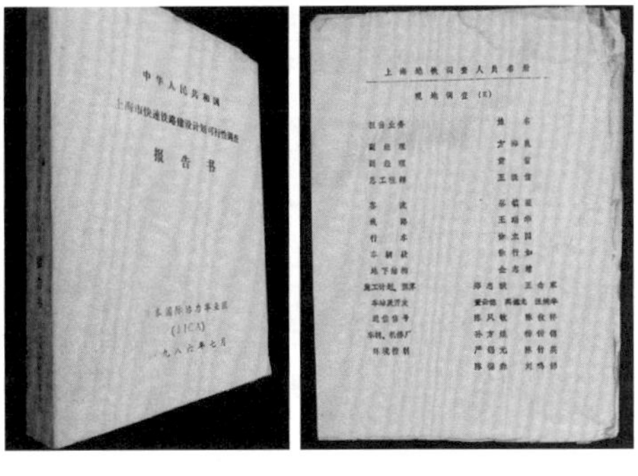

fig.4 与日本 *JICA* 会谈的技术报告书

fig.5 陈慕廉博士的学生梁志添先生赠送的“香港地铁 *TVM* 模型”

fig.6 与陈慕廉博士（左）在港铁培训中心合影

设备引进弱电项目专家）。一人拿下三条地铁线路的 AFC 系统项目，黄庆如先生将近 5 亿元人民币的业绩记录至今无人能破——考虑到如今业绩导向的 AFC 行业市场环境，这个记录恐怕是以后都无人能破了。联想到当时国内地铁 AFC 系统项目起步阶段，尤其是在 AFC 系统项目研制阶段甚至被暂时毙掉的背景下，黄庆如先生始终坚守，不言放弃，虽然有所谓“在其位谋其政”，固然有美国 Cubic 公司的商业拓展需求，但陈凤敏在与黄庆如先生打交道的过程中，多次感受到他作为海外华侨的那颗拳拳爱国之心。1989 年 5 月，陈凤敏带团出访新加坡，黄庆如先生专程负责接待和安排，给了他们很大的帮助；1997 年，在执行上海地铁 1、2 号线 AFC 项目合同时，陈凤敏团队去美国圣地亚哥进行设计联络，也是他热情接待；2002 年 4 月，陈凤敏作为南京地铁 AFC 专业顾问，随南京市副市长戴永宁一行出访法国泰雷兹公司和美国 Cubic 公司，黄庆如照样尽心尽力。“不管项目是否有后续，他都一直和我保持联系，互相分享信息，

直至今日。”（fig.7，fig.8）

fig.7 陈凤敏在广州地铁任职时的名片

陈慕廉博士和黄庆如先生是众多国际知名厂商和专家中的代表，正是在与这些业内人士的交流往来中，陈凤敏学习到很多国外建设地铁的先进理念，更让她坚信了地铁 AFC 系统的光明未来。如果说这些国际知名厂商和专家赋予了陈凤敏推动 AFC 系统事业的外在助力，更内在的动力则源自上海市地铁公司内部，特别是陈凤敏的老领导王振信总工程师，他也是上海的第一批地铁人之一。

谈及陈凤敏负责 AFC 系统项目的缘由，王振信回忆说：“当时我是上海市地铁工程建设指挥部、地铁总公司的总工程师，主管技术。关于 AFC 系统，我虽然不是专业出身，但至少比别人了解得多一点。然而地铁有十几个专业，我不可能样样精通，这时候就需要其他技术人员作为助手负责推进，根据大家所学专业，每个人具体负责一个专业，所以 AFC 系统这块就安排了专业相对对口的陈凤敏来主管。”事后证明，王振信的这一步不仅让上海地铁 AFC 系统业务逐步发展起来，进而领先全国，更为推动我国地铁 AFC 系统业务发展找到了一个行业领路人。

直到这时候，陈凤敏才算真正意义上接下 AFC 系统这块工作，时间已是 1988 年，从此一发不可收拾。自 1988 年到现在，三十多个年头过去，差不多占据陈凤敏一生工作时间的一半，可以说陈凤敏把整个后半生都交给了我国轨道交通 AFC 事业。有道是“三年专注做一件事，可以小有所成”，而专注做一件

fig.8-1 1989 年 4 月 17 日至 25 日，陈凤敏携团考察新加坡地铁 *AFC* 项目合影，左三陈凤敏、左四黄庆如

fig.8-2 新加坡考察期间与黄庆如先生合影

fig.8-3 2002 年 4 月作为南京地铁专业顾问考察美国 *AFC* 设备时与黄庆如先生在 *Cubic* 公司美国总部合影

事三十多年，这绝非一般人能做到。

这三十多年来，陈凤敏为了 AFC 系统寝食不安，仿佛世间万物皆浮云，唯有 AFC 事业才是最吸引她的“王道”。无论身在什么地方，是国内还是国外，无论身居什么位置，是在职还是退休，无论身处什么时间，是白天还是晚上，只要见到关于 AFC 系统的东西，陈凤敏就挪不动脚了。不仅仅如此，陈凤敏努力想做好上海地铁的 AFC 系统，努力提升国内地铁 AFC 系统的水平，还一直梦想着“Made in China”的 AFC 系统设备走出国门、引领世界，以至于有人说陈凤敏是“走火入魔”了。不过，这显然很符合陈凤敏从小培养起来的个性，她与 AFC 系统这割舍不断的情缘如今看来也成就了一段佳话。

“第一个践行 AFC 理念的人”

AFC 系统是舶来品。陈凤敏正式接手上海地铁 AFC 系统这块工作时，国内轨道交通建设尚无 AFC 系统的影子，国外厂商也是刚刚开始涉足，颇有点“拔剑四顾心茫然”的悲凉味道，再看如今国内轨道交通 AFC 系统蓬勃发展的势头，又很有点“白手起家”的传奇色彩。从种种角度来讲，说陈凤敏是“中国 AFC 系统事业第一人”[20]实在不过分，但陈凤敏却一直很谦虚，2005 年 6 月，轨道交通 AFC 行业杂志《卡市场》采访陈凤敏，此时的她在业内已小有名气，但当记者称她为“致力于中国 AFC 事业的第一人”时，她急忙更正说：“在中国，第一个提

20. 见《卡市场》杂志，岳东仁、秦韵《致力于中国 AFC 事业的第一人——访上海地铁陈凤敏女士》，2005 年 6 月。

出 AFC 理念的人是我的老师，当时上海市地铁公司的总工程师王振信先生，我是致力于实现他理念的第一人。”

作为上海的第一批地铁人、上海市地铁公司的第一任总工程师，王振信也很谦虚，关于“第一人”的说法，他是这么说的：“在中国，第一个提出 AFC 理念的人是不是我，我不能肯定，但上海地铁确实是中国内地第一个安装 AFC 系统的。”从时间上来看，上海是我国第三个修建地铁的城市，位列北京、天津之后。但上海地铁史并不短，早在 1958 年就已成立上海地下铁道筹建处就是明证，只不过后来因为种种原因搁置。改革开放后，上海地铁重新提上日程，先是成立了地铁筹备处，由隧道公司具体执行相关事务，不久后干脆另立门户直接成立了上海市地铁公司。这个新成立的专业机构，从党委书记到总经理都是上级任命的，找到一个懂行的总工程师十分必要，这直接关乎上海地铁的成败，王振信就是在这个时候进入上海市建委的考察视野的。

那时候王振信还在上海市隧道公司，20 世纪 60 至 70 年代他与“上海地铁之父”刘建航一同负责地铁隧道施工工作，攻克了“在豆腐里打洞”的技术难题。当时拍板上海市地铁公司总工程师人选的时任上海市建委党委书记李春涛，是一位技术出身的领导，此前因为工作关系视察过隧道公司的几个工程，与王振信有过交集，对王振信的能力也多有了解。改革开放之初，各种专业人才匮乏，地铁公司这个总工程师的人选其实非常有限，在多方综合考量下，李春涛最终拍板起用王振信。

然而当李春涛委派上海市政局领导去和王振信谈话时，王振信还有点疑虑，毕竟他是土建出身，在隧道公司多年，不太愿意前往这个新成立的地铁公司“趟浑水”。但在当时的大环境下，王振信一是在隧道公司参与了上海地下隧道建设，负责过上海地铁建设的具体事务，对上海地铁现状知根知底；二是他本人对地铁行业也十分感兴趣，在隧道公司期间，除了土建施工，他还参与了地铁建设方面的其他事务；三是他曾经前往北京学习地铁建设，甚至还出国学习交流过，了解一些国外地铁建设的情况。仅凭这三点，放眼全上海，即便放眼全国，比他更懂行更厉害更适合的人几乎没有。所谓“临危受命”，就这样，王振信从隧道公司调到了地铁公司，出任这个新成立的上海市地铁公司的第一任总工程师。（fig.9）

王振信到任后，很快按照他的思路部署工作。首先就是分门别类，术业有专攻，让专业的人干专业的事，每个技术人员直接对口负责一块技术领域，他总揽全局。对 AFC 系统领域，他十分看重：“我那时参观考察过比利时、委内瑞拉、美国旧金山和中国香港等多个国家和地区的地铁，没有一个国家是采用人工售检票的，所以在我担任上海地铁总工后，就主张一定要用 AFC 系统。”可以说，在他的脑海里，上海地铁的未来规

fig.9 闻鼎公司邓艳总与王振信总工程师交谈

划中，AFC 系统就占有一席之地，而且有了一个大致的轮廓，虽然当时 AFC 系统的情况远没有看起来那么简单。

得益于改革开放的大环境，社会政治、经济体制改革，思想也逐步解放。当时，国家任命了一大批技术出身的党政机关干部，他们更能从专业的角度来思考问题、指导工作、推动发展。上海作为改革开放的前沿，更加如此。

时任上海市人民政府常务副市长兼上海市计划委员会主任的阮崇武，就是改革开放后第一批选派到国外当外交官的知识分子，曾出任驻联邦德国大使馆科技参赞。阮崇武副市长虽然不直接分管上海地铁工作，却非常支持上海市地铁公司的工作，明确提出到 1990 年上海地铁必须要建成，且不能是传统的人工售检票。

阮崇武的继任者倪天增同样也是技术出身，他在任上海市副市长期间分管城市规划管理工作，地铁事务也在其列。倪天增副市长曾明确提出："上海搞地铁不能因循守旧，应该向香港学习。"

在地铁售检票领域，主管领导锐意推陈出新，执行部门就有了放手去干的动力。

倪天增副市长上面说的"因循守旧"，其实是有所指的。当时国内并非没有地铁，北京、天津都已通行多年。囿于特定的历史背景，新中国成立之初全国各地学苏联老大哥，北京地铁在开建时也学习"苏联模式"，采用莫斯科地铁的那一套路子。客观来说，当年莫斯科地铁在世界上也是一流水平，尤其是在建筑和路网规范方面。但莫斯科地铁采用的是人工售检票，单一票价，政府补贴，票价偏低，多少带有福利地铁的味道。这种模式有其存在的合理性，但久而久之，弊端也十分明显，比如人力成本增加、作弊几率变大以及由于统一低价不合理带来的一系列衍生问题，不利于地铁的长远发展。也正因为如此，上海市地铁公司的目光很快从北京地铁模式转移，瞄准了西方。

早在出任上海地铁总工程师之前，王振信在隧道公司期间就曾去西方考察学习过，这也是当时他被任命为地铁公司总工程师的一大原因。1980 年，王振信第一次公费出国学习，此后他又多次出国交流，都是在倪天增副市长批准下成行的。出国学习，增长见闻，每次出去王振信都是围着地铁转，别的风景胜地娱乐场所他一概不去，如此下来，他对中西方地铁建设有了更深程度的了解，也进一步看清楚了国内外地铁建设的差距，尤其是相比于北京地铁单一票价 + 人工售检票的模式，西方发达国家早已用上了高大上的 AFC 系统。

担任地铁公司总工程师后，王振信这位国内第一个有“现代化地铁”概念的人，开始逐步实施他的理念。王振信非常认可倪天增副市长的观点，因循守旧不可取，“向香港学习”无疑是一条很好的路子。因为各国的国情不尽相同，国外地铁不一定完全适用于中国，完全照搬是不太现实的。但中国香港不同，尽管那时候还在英国人的手里，但香港与大陆源出一脉，在地铁建设过程中又吸收了不少先进的国外技术和理念，首条地铁线路就采用了 AFC 系统。这也让王振信坚定了在上海地铁采用 AFC 系统的决心！

1986 年 10 月，在上报国务院的上海市第一条地下铁道的可行性研究报告《上海市新龙华至新客站地下铁道工程可行性研究报告》（即上海地铁 1 号线）中，专门设有自动（半自动）售检票系统的章节。这也是在国内地铁建设史上，第一次提出地铁要采用 AFC 系统设备及屏蔽门——毫无疑问，对 AFC 系统领域来说，这是具有划时代意义的一份报告。（fig.10）

fig.9-1　上海地铁 1 号线可行性研究报告

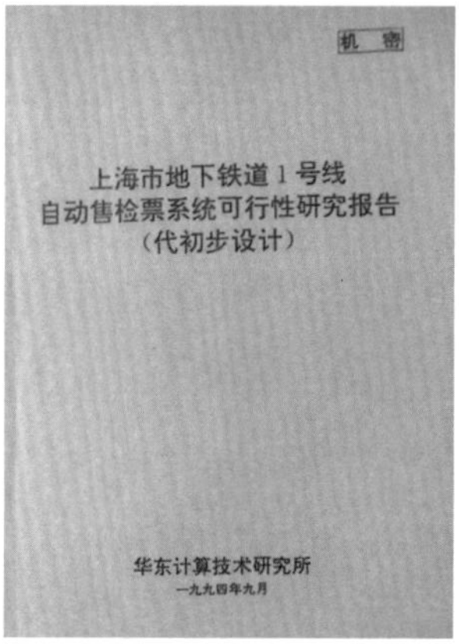

fig.9-2　当年地铁指挥部专程立项委托华东计算所作了关于 AFC 系统的可行性研究报告

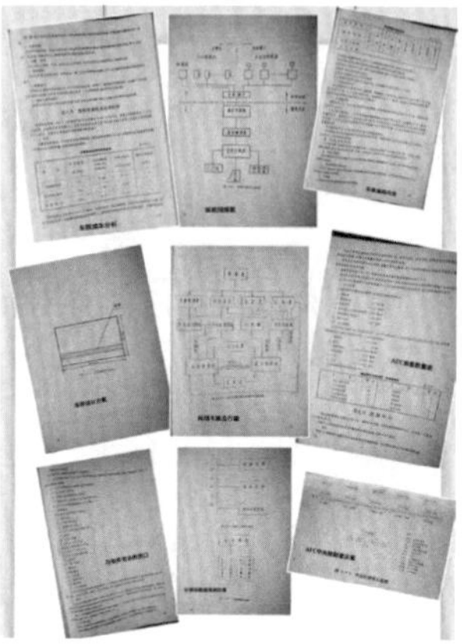

fig.9-3　上海地铁 1 号线可行性研究报告中关于 AFC 的论述内容

“缓上”AFC

这份可行性报告上报到国务院后，国务院随即指示中国国际工程咨询公司[21]组织专家来沪审查。1987 年 1 月和 5 月，可行性报告先后通过上海市和国家两级评审；1988 年 2 月，国务院正式同意上海地铁 1 号线项目立项。然而，让人始料未及的是，上海地铁 1 号线的自动（半自动）售检票系统被专家列为“缓上”项目。当时专家给出的评估意见如下：

自动（半自动）售检票系统能够减少车站工作人员，减轻工作人员的劳动强度，有利于计程票价制的实施，在世界发达国家已经广泛使用，从提高自动化和现代化水平着想，在上海地铁 1 号线考虑

21. 简称中咨公司，1982 年成立，总部位于北京。1985 年经国家计委批准成立了地下铁道专业的设计咨询机构，即中国地铁工程咨询公司，确定为中国国际工程咨询公司的成员公司。中国地铁工程咨询公司联合北京、上海、天津的有关单位和铁道部的长春客车厂、通号公司等单位组成集团，从事地铁规划设计咨询、评估和科研任务。1986 年受中国国际工程咨询公司委托的第一项任务是与中国国际工程咨询公司一起组织专家评估上海地铁 1 号线工程可行性研究报告，这是我国第一份地铁可研报告，也是我国第一次评估地铁的可研报告，这次评估工作为我国地铁工程可行性报告评估工作树立了样板。现在中国地铁工程咨询公司担任全国很多城市地铁规划的咨询工作，为全国地铁建设做出贡献。

采用自动（半自动）售检票系统是合理的，但是考虑到以下几方面的原因：

节约投资降低工程造价。考虑到国家的经济状况，有限的资金要首先用于提高运输效益和保证行车安全所必要的设施，与行车没有直接关联的，能缓上的就缓上。

我国人口众多，经济不发达。低工资，高就业的政策还要持续下去，节省人力不是主要矛盾。

我国人民的物质文化生活水平还比较低，再加上上海市外地流动人口集中，携带行李物品出入地铁的人比较多（尤其在新客站），自动售检票国内尚无运用经验，是否适合当前中国的国情，能够得以有效的使用还是一个疑问。

自动售检票设备生产制造技术复杂，短期内国内难以生产供应，要花大的外汇从国外购进，今后的维修配件的供应也是很大的负担。

因此，建议自动售检票系统作为预备项目近期缓上，在车站建筑布置上要为自动售检票预留位置，同时组织国内有关单位引进国外技术进行研制。先生产少量样机进行局部试验，待取得使用经验和设备过关后再全线推广。[22]

22.《自动收付费卡系统》，上海地铁运营有限公司，2001年9月第1版。

据王振信回忆，由于长期封闭，缺少与国外地铁行业交流学习的机会，国务院组织的专家组成员大多都没见过AFC系统，尤其是北京来的专家认为，北京地铁没有安装AFC系统，照样运行得很好，而且我国人口众多，用人工售检票可以增加一点就业机会。“这种说法在当时也有一定的道理，所以AFC系统要想通过审查就不容易了。没办法，我只能退而求其次，说 AFC 系统取消可以，但是保留预装的位置，以备将来之需。”就这样，在王振信的力争下，专家组最终决定“不改设计，缓上”，正是这一字之差，AFC 系统项目避免了被直接毙掉的结果。一同被“缓上”的还有车站屏蔽门项目。

“缓上不等于不上”

“缓上 AFC 系统”的专家评估结果对刚接手这块业务不久的陈凤敏来说，无异于晴天霹雳。此时的她，内心充满矛盾。

怎么办？ AFC 系统项目工作还能继续吗？从基本建设程序上讲，列为“缓上”就意味着该项目费用已被砍去，有道是“巧妇难为无米之炊”，没有经费怎么继续做下去？要再回到机电部通信信号组重新干自己的老本行无线电通信吗？应该说，如果继续搞自己的本行，对一个技术人员来说驾轻就熟，对日后出国还是评职称都有好处。但如果就这样接受命运的摆布，放弃刚刚起步的 AFC 系统这块具有开创意义的工作，那就不是陈凤敏的个性了。

一筹莫展之际，陈凤敏只能求助恩师王振信：“AFC 系统项目缓上以后，我是否要回去搞通信？”王振信非常理解陈凤敏当时的心境，但既然在专家组面前都据理力争，王振信对 AFC 系统的未来非常有信心。面对陈凤敏的困惑，他坚定地回了七个字：“缓上不等于不上！”

王振信如此斩钉截铁并非空口无凭，结合世界各国地铁发展趋势，他判断 AFC 系统必是未来地铁发展潮流，而且上海地铁 1 号线建成要到 20 世纪 90 年代，对于一个日客流量达到千万以上的城市，人工售检票是不现实的，AFC 系统和屏蔽门这两个缓上的项目都是未来地铁的必需品。

因此，在跟陈凤敏说了“缓上不等于不上”这个论断之后，王振信还让陈凤敏仔细研读国务院专家组的意见，分析 AFC 系统项目的短板，研究对策，未雨绸缪。其中很重要的一条就是寻找国内有一定基础和实力的厂家和研究所探索开发研制 AFC 系统设备，这也是国务院专家组对 AFC 系统没有多大信心的源头之一。

对于王振信，陈凤敏是打心眼里敬服的，她一直非常感恩自己能遇到这样一位名师。不仅仅是因为王振信是她的领导，更重要的是王振信对工作的严谨态度和专注精神，还有对她给予了全方位的指导，才成就了她今天在国内轨道交通 AFC 系统领域的成就和地位。

“王振信总工非常严厉，谁要是马虎，都是要被他训斥的，好多女同事都被骂哭过，但唯有我是例外，”多年后回想起在王振信手下工作的岁月，陈凤敏不由感慨，“我有许多地方都学着他，并得到他的鼓励。”那时候在地铁公司内部，王振信经常用掌握的世界各国隧道、地铁的资料图片做成幻灯片演示，尽一切可能帮助公司员工尽快了解地下工程知识。在他的启发和鼓励下，陈凤敏也开始制作幻灯给大家讲解国内外 AFC 系统技术。后来在 AFC 系统样机研制结束进入中试遇到困难时，王振信曾撕下报纸边写字条给陈凤敏，“你已经骑在虎背上了”，寓意陈凤敏只能前进不能退缩，当然这些都是后话了。

有王振信总工程师这根“定海神针”在，在 AFC 系统项目缓上的情况下，陈凤敏选择了再一次迎难而上。

第三章
样机：没有成功，不能说失败

城轨交通 AFC 系统的开发和研制是从零开始的，是一项填补空白的工作。

——陈凤敏

AFC 立项成功

尽管 AFC 系统项目留了个尾巴，但打着“缓上”的标签，必需的研究经费、人员配置等条件在很长一段时间里都没有着落。在最初的一年多时间里，不少当初一起参与立题的科研人员因为主客观等各种各样的因素离开项目组，陈凤敏常常是孤军奋战。她按照王振信总工程师的指导意见，一个人去调研论证 AFC 系统项目的可行性和必要性，为此跑了很多科研院所机构及单位，其中，在民建上海市委的帮助下，还拜见了中华人民共和国对外经济贸易部驻上海副特派员李元正，涉猎了大量的国内外相关资料。当时之窘境，就连打字复印材料，陈凤敏都要等到别人下班后或者利用周末的时间才能借用一下。对于那时候帮她一起打字复印材料的杨莺女士和当时的场景，陈凤敏仍历历在目。

有志者事竟成。在市政工程局科技处处长杨菲菲的支持和指导下，在地铁公司相关领导及同事们的关心和帮助下，1988 年 6 月，陈凤敏独立完成了上海地铁 AFC 系统项目课题立项报告，即《上海地铁半自动售票、自动检票设备研制项目开题论证报告》，并成功通过了由上海市科委组织的专家评审会。在国人均不知 AFC 系统为何物的年代，陈凤敏这份有 62 页之多、长达 5 万余字的立项报告，且不论其形成过程如何艰难，单就其意义来说，堪称我国 AFC 系统领域的第一份权威材料。如今翻着这份三十多年前的泛黄的材料，陈凤敏也感慨万千。

这份报告分为 5 个部分，共 5 个子报告，内容涵盖从立项背景到研究目的和内容、从专业的车票论证到实施的投入与产出，最后还列出了参考资料索引和论证专家名单，可谓有详有略，面面俱到。具体目录如下：

一、立项背景

报告之一：《国外行情》

报告之二：《国内现状》

二、研究目的、内容

报告之三：研制售检票设备需解决的关键技术及预期要达到的水平

三、车票

报告之四：有关车票的意见和建议

四、投入与产出

报告之五：课题实施的人员组织、协作参加单位及有关费用安排

五、附件

1. 本文参考资料索引

2. 论证专家名单推荐

在《国外行情》这个子报告中，陈凤敏列举了世界上 20 余条地铁线路 AFC 系统的应用情况，包括加拿大蒙特利尔、法国巴黎、西班牙马德里、智利圣地亚哥、巴西圣保罗、瑞典斯德哥

尔摩、法国巴黎郊县、委内瑞拉加拉加斯、美国巴尔的摩、美国马萨诸塞、加拿大多伦多、韩国釜山、尼日利亚拉各斯、韩国首尔以及当时的中国香港等。从投入、网络结构、票价结构、车票种类、系统组成、系统类型等多个维度一一进行数据对比，可谓竭尽所能地搜集了当时所能找到的国际地铁 AFC 系统的全部相关资料。陈凤敏又特别比较了日本、法国和中国香港三地地铁 AFC 系统的性能特征，并仔细勾画了系统结构图，在此基础上画出了设想中的上海地铁 1 号线 AFC 系统组成结构图。（fig.1，fig.2）

报告之二对轨道交通 AFC 系统的国内现状进行了科学论证和分析。报告主要从三个方面展开，陈凤敏首先论证了国内自行研制售检票设备的必要性和可能性，进而分析了制造售检票系统的主要技术难度和目前国内水平，最后又阐述了设置售检票设备在地铁运营管理、票务管理上的作用及经济效益，可以说具有一定的前瞻性。

报告之三《研制售检票设备需解决的关键技术及预期要达到的水平》，主要论述 AFC 系统的研究目的和内容，也分成三个层面：一是售检票设备研制中需解决的主要技术问题和实施方案，包括微机实时控制、驱动机构、计算机网络和信号传输

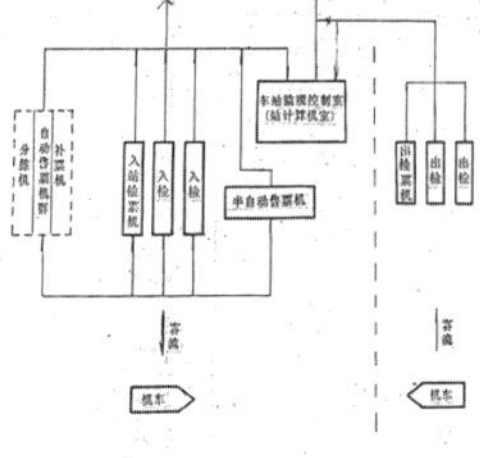

*fig.*1-1　当年获悉的法国地铁 AFC 网络架构图，由克鲁泽公司设计

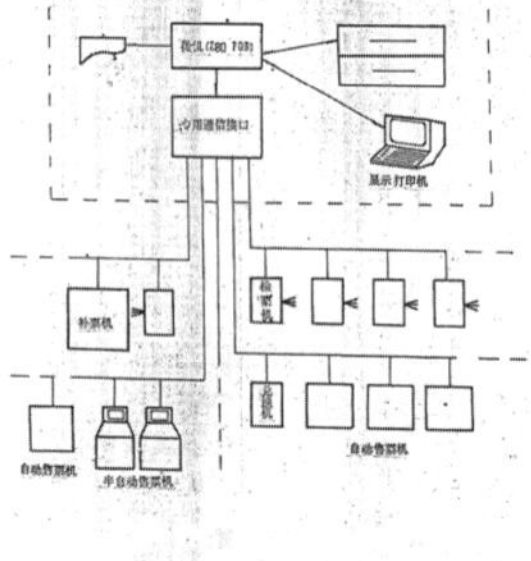

*fig.*1-2　当年获悉的韩国釜山 AFC 网络架构图

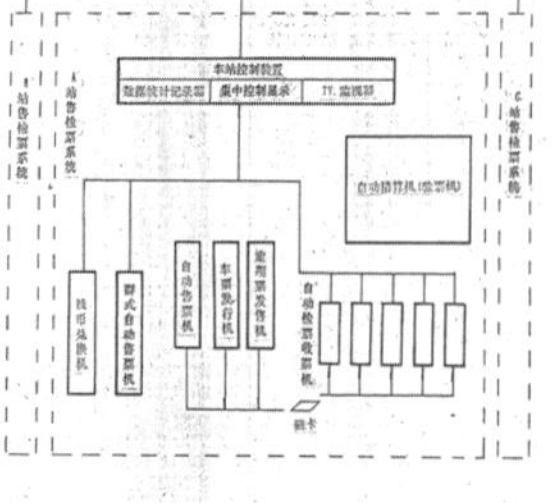

*fig.*1-3　当年获悉的日本地铁 AFC 网络架构图，由日本欧姆龙公司设计

系统；二是研制的具体设备和主要技术指标，分别从车票、半自动售票机、检票机、补票机、分拣机、车票涂磁机、微机系统技术指标以及中央计算机等八个方面作了介绍；最后一点是社会及经济效益，在这里陈凤敏客观分析了 AFC 系统设备的利弊，进一步肯定了 AFC 系统是未来的一个趋势。

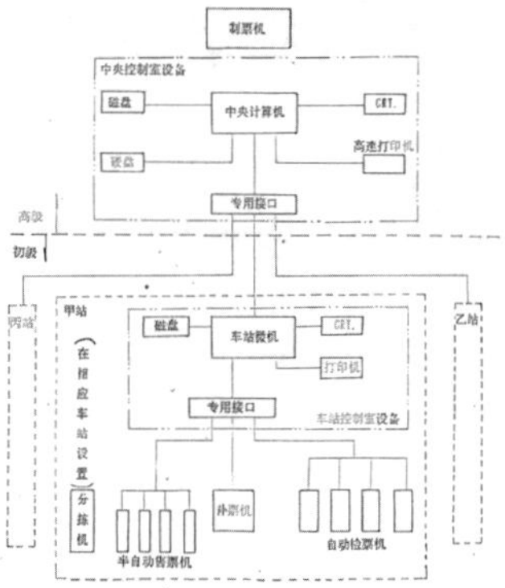

fig.2 1988 年研发立项报告中设想的上海地铁 AFC 网络架构图

报告之四专门就“车票”作了介绍。陈凤敏先是对国外轨道交通含磁带车票的情况作了简要介绍，在此基础上，从车票材料、车票上磁条、车票尺寸、协作单位等方面，提出了对国内地铁车票研制的意见和建议。在这份报告中，陈凤敏还把搜集到世界各国和地区的磁性车票展示出来，如中国香港、美国、法国、日本、新加坡、荷兰、巴西、韩国等，最后还放了几张北京、上海的公交纸质月票、铁路火车票作了对比。（fig.3）

报告之五论述了课题实施的人员组织、协作参加单位及有关费用安排，主要包括系统研制实施计划与投入费用、自动检票机研制实施计划与投入费用细目，以及人员组织、参加和协作单位等内容。

在整份报告的最后，陈凤敏还列举了参考资料索引和论证专家名单，从中可以看出她搜集资料之广、请教专家之多，从另一个方面也彰显了这份报告的价值。陈凤敏说“城轨交通 AFC 系统的开发和研制是从零开始的，是一项填补空白的工作”，而这份报告就是从零开始的一个阶段性成果。（fig.4）

陈凤敏的这份报告通过上海市科委组织的专家评审后，AFC

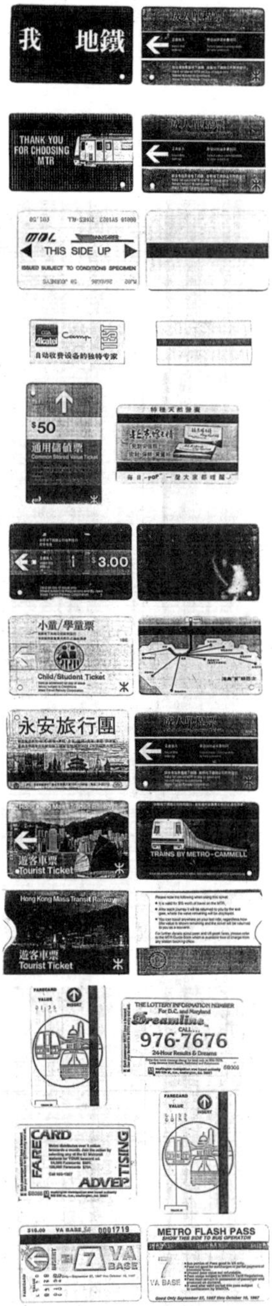

香港、美国、法国地铁磁条车票

日本、新加坡、荷兰鹿特丹、巴西圣保罗地铁车票

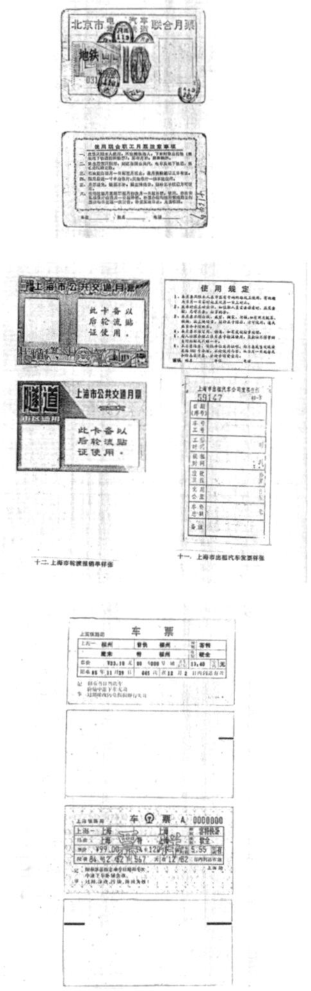

北京、上海公交月票，铁路火车票

fig.3 当年收集的世界相关城市的车票样张影印

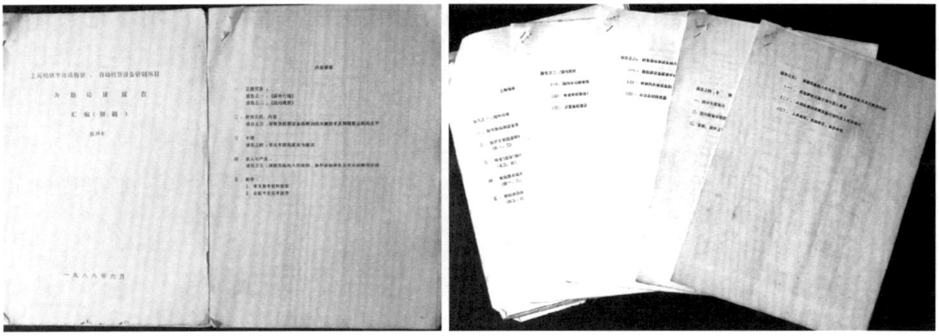

fig.4 1988年6月上海地铁AFC课题立项报告封面及大纲

系统的必要性和可行性都逐渐清晰起来，立项也逐步提上日程。

那时候，对于AFC系统这种在国外应用和技术已经很发达而国内尚处于空白的设备，决策者一般面临两个抉择：一是从国外引进，二是自主研制。据调查，如果采用机械售检票，全套设备从国外引进，需要花费2000多万美元，相当于1亿多人民币。如此高昂的设备引进费用，在资金有限的条件下，全部从国外引进是不现实的，地铁指挥部决定自力更生，自主研发。

自主研发的决策定下来之后，AFC系统立项的脚步进一步加快。1988年9月19日，根据中国铁道公司专家组意见，经过上海市、局各级专家验证，上海市科委正式批准设立“上海地铁自动售检票系统设备研制”课题，总投资额198万元。“上海地铁自动售检票系统设备研制”项目正式批准立项，并被列入上海市科委“七五”科技重点开发项目。

1988年底，在上海市地铁公司及工程指挥部领导的指导下，有关专家就AFC项目的立项又进行了一次专题论证，专家们一致认为：

国内研制AFC，作为一门产业是有前途的，这一产品的开发，不但可填补我国的空白，而且也可以促进我国数字磁记录工业的发展。

自此，AFC 系统项目立项就像历史前进的车轮，不可逆转。

立下军令状

AFC 系统项目立项成功，然而这时候出人意料的事情发生了。项目“缓上”希望渺茫的时候，不少人视 AFC 系统项目为烫手山芋躲得远远的；现在 AFC 系统项目成功立项并被列入上海市科委“七五”科技重点开发项目后，有些人见机会来了，主动请缨要当项目负责人。一直以来（特别是“缓上”后项目处于停滞状态的困难时期）以一己之力推动 AFC 系统项目论证、调研、立项的陈凤敏，虽然此前也多少见过或听过一些争权夺利、损人利己的现象，但真当事情发生在自己身上时，她还是有点想不开了。

当初为了能立项，她一点一滴地收集资料，一家一家单位地登门拜访，既要做技术工作，又要做公关工作，其间求助了很多领导和同事，现在突然被告知项目负责人可能不是她，心中那种委屈、生气，不知向谁去诉。

那段时间可能是陈凤敏涉足 AFC 系统工作以来最烦恼的时候，有时候上班人也浑浑噩噩不在状态。有一天她不经意路过上海火车站，突发奇想不如出去散散心排遣排遣，于是鬼使神差地买了一张去江西南昌的火车票。南昌有谁？正是她小时在温州乡下时玩闹在一块的五叔陈成来。陈成来乍一眼看到她时，还以为上海那边发生了什么天大的事情——虽然在陈凤敏看来那确实是一件天大的事。听陈凤敏大概讲了一圈，陈成来明白了事情原委，这位自陈凤敏上学以来就不断给予她各种鼓励的中共老党员，当即给她做思想工作，并给远在上海的家里去了电报报平安。

五叔毕竟是五叔，听长辈一席话，陈凤敏的心结也慢慢打开了。从南昌回来后，陈凤敏立马就被上海市地铁工程建设指挥部副指挥陈殿邦找去谈话，“你一走，人家就跟我要说法”，陈殿邦也是一脸无奈。对于 AFC 系统项目到底由谁负责，陈殿邦以及当时负责上海市地铁工程的总指挥石礼安都是支持陈凤敏的，毕竟这个项目论证从头到尾都是陈凤敏一手做起来的。

AFC 系统项目总投资 200 万元，其中有 2 万美元外汇，这在 20 世纪 90 年代前后，可是一笔不小的数字。也许是为了考验陈凤敏的决心和勇气，陈殿邦带着几分关爱和担忧，用十分认真的口吻对陈凤敏说：“你一定要搞 AFC 啊？ 200 万哪，这在江苏、浙江都可以开两爿厂了，弄得不好是要坐牢的！”

陈凤敏一听此言，更加坚定了不达目的誓不罢休的信念，却也深感责任重大。用她自己的话说：“真有一种把脑袋挂在裤腰上随时准备掉的感觉。”为此，在后来 AFC 系统项目进展过程中，陈凤敏都是身先士卒，亲力亲为。特别是在中试生产中，陈凤敏集中精力协调供电、布缆、站厅布置等多方面施工进度，经常亲自下现场，甚至带病也要坚持工作，监督和检查施工质量。虽然这符合陈凤敏一贯的作风，但她当时顶着巨大的压力与责任开展工作的状态也由此可见一斑，因为“那可是向指挥部立了‘军令状’的呀”！

不仅仅是陈凤敏自己，陈殿邦当时背负的压力也不小。项目金额大、技术难度高，选择项目负责人也是出于多方综合考量的。陈殿邦原在上海市建委任职，后接受委任到上海市地铁工程建设指挥部担任副指挥。“他很清楚项目设备国产化的重要意义和实施难度，因此尽最大努力给予我们支持，课题组但凡在工作上取得一点成就和进步，都能从他脸上看到喜悦的神情，这也让我们感到很欣慰。”

在上海地铁 1 号线之前，AFC 系统这个舶来品在国内几乎很少有人了解，因此地铁 AFC 系统的开发和研制是从零开始的，是一项填补空白的工作。立项成功后，为了让课题组人员对 AFC 系统有更多直观的了解，加快 AFC 系统的研制进度，出国考察学习逐步提上了日程。

1989 年 4 月，AFC 系统项目正式开始研发之前，石礼安指挥批准了上海市地铁公司提出的出国申请，成立了由陈凤敏、二十一所机械专业和电气专业各一人组成的三人考察团，赴新加坡考察美国 Cubic 的 AFC 系统设备，陈凤敏担任考察团团长。

那个时候，出国是凤毛麟角，很不容易，特别是对普通在职人员公派出国的控制是非常严格的。上海地铁指挥部的出国申请批准下来后，陈凤敏就去上海市政府外事办拿出国批件，当时的外事办负责人例行询问她“为什么要出国”。陈凤敏拿出她搞 AFC 系统项目论证的认真劲，从国内现状谈到国外优势，从立项原委聊到技术攻关，态度诚恳而又滔滔不绝，把外事办负责人说得频频点头，到后来还追问她道：“七天（一周）时间够不够？”最后外事办负责人综合考虑，给陈凤敏她们批了十天的访问周期，这也让她至今心怀感念。

那个年代的人，在拿到出国批件后，一般都会很高兴，但陈凤敏他们却没时间开心。十天时间看起来虽长，当时我国 AFC 系统设备则是从零起步，十天的时间能考察到什么学习到什么，一切都还是个未知数。说起来，陈凤敏他们这批在“文化大革命”前完成大学学业的技术人员，都具有那一代人的典型特征：勤劳、节俭、坚韧、富有责任感和献身精神，他们中大多数人都为国家贡献了大半辈子，在技术领域也相当优秀。但出国考察，何况是这种身负重任的出国考察，对出访者实际上挑战是很大的。

出国考察 AFC 系统设备是一项艰巨的任务。在新加坡考察期间，为了能充分利用好这十天时间，尽量用最短的时间获取到更多有价值的成果，陈凤敏一行白天各自分头看分头学，晚上回到宾馆里又继续钻研琢磨分析，争取当天消化当天考察到的知识，有的暂时实在难以理解的，他们就用笔记录下来，回国后再琢磨研究，真的达到了披星戴月废寝忘食的地步。为了能学到美国 Cubic 公司 AFC 系统设备的真谛，考察团累到什么程度呢？当时他们应邀出去观看新加坡的夜景，这也是考察团此行难得的一次非工作安排，而路上他们居然在车里轮番睡着了，这让当时陪同的美国 Cubic 公司市场部总经理黄庆如先生至今都印象深刻。(fig.5)

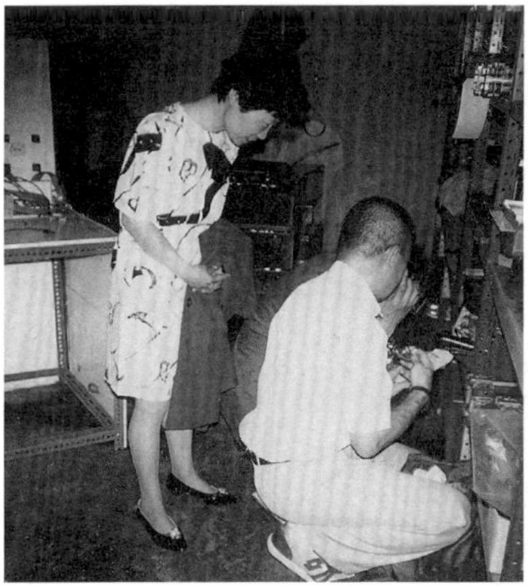

fig.5　1989 年新加坡考察期间参观 AFC 设备维修调试

自主创新，初战告捷

AFC 系统立项后，经过招投标流程，确定由电子部二十一所与上海市地铁公司共同成立课题组承担这个项目。项目的正式名称叫“上海地铁自动售检票系统设备研制项目”，其中，上海市地铁公司陈凤敏担任课题组组长，电子部二十一所何耀祥担任副组长（项目中试时，改由何太其担任副组长）。

王振信总工程师的确有先见之明，在 AFC 系统项目缓上的时候超前地预见到它的未来。果不其然，AFC 系统项目从 1989 年开始，到 1993 年才结束，跨进了 20 世纪 90 年代。这是一个自主创新的项目，也是一个自主创新的任务，更是一个自主创新的使命！在项目进行的整整 5 个年头里，上海市地铁公司与电子部二十一所甲乙双方课题组成员几乎把全部精力都奉献给了这个新鲜的 AFC 系统领域。他们从零起步，披星戴月，攻坚克难，任劳任怨，最终如期完成任务，实现了国内 AFC 系统从无到有的发展。（fig.6）

根据项目记录以及当事人的回忆，梳理出 AFC 系统项目的时间表如下：

1989 年 5 月，课题组提出上海地铁 AFC 第一阶段“主机芯研制方案”，并组织专家论证。

1989 年 9 月—1990 年 1 月，课题组完成项目第一阶段二台主机芯、200 张磁卡样票和部分关键设备的加工任务。

1990 年春节后，课题组全面转入第二阶段样机（整机）的

fig.6-1　1989 年 11 月 2 日上午 AFC 研制课题第一阶段汇报电子部二十一所现场，前排左起：地铁总工王振信、地铁党委书记殷关福、市科委二处处长陈信初、市政工程局科技处处长杨菲菲、地铁经理方海良

fig.6-2　1989 年 11 月 AFC 研制课题第一阶段，甲方课题负责人陈凤敏作工作汇报（中）

fig.6-3　1989 年 11 月 AFC 研制课题第一阶段，乙方课题负责人何耀祥作工作汇报（右）

试验研制。

1991 年 4 月，经过 14 个月的不懈努力，课题组终于完成 6 台样机的设计加工、安装调试任务。

1991 年 4 月 8 日，课题组研制出半自动售票机、自动检票机各一台并在上海北区长途汽车站试用，时任上海市建委主任吴祥明亲临现场视察，指示要求研发的设备做到“简单实用”。从此，国产的售检票样机开始走出实验室，走向社会。

1991 年 10 月 31 日，项目顺利通过了由上海市科委组织的，全国各地专家参加的技术鉴定。

1992 年 4 月，项目甲乙双方签订国产 AFC 设备扩大中试研制的项目合作合同（中试费用为 350 万元，内含 2 万美元）。

1992 年第 4 季度，课题组完成了自徐家汇以南 5 座车站（徐家汇站、上海体育馆站、漕宝路站、新龙华站和锦江乐园站）AFC 系统设备全部管线的预埋预留，同时完成了 39 座售票亭的设计、制作和安装工作。

至 1993 年上半年，课题组完成了自徐家汇以南 5 座车站中试 AFC 系统设备的安装、调试和开通试用工作。[23]

至此，AFC 系统样机项目初战告捷！[24]

项目结果很美好，然而过程中全是故事，当然更不乏收获。

首先从试用的实际效果来看，AFC 系统的先天优势体现得非常明显，尽管这时候课题组上的还是试用机，即功能样机。通过 AFC 系统实行计程票价，最直观的体现是节省了人均售检票时间，相应的地铁运营人力成本也下降了，展示了由先进技术带来的现代化管理水平，也有助于提升整个地铁线路的经济

23. 江世亮《锲而不舍，终有所成——访上海地铁公司陈凤敏高工》,《世界科学》，1994 年 1 月。

24. 详见上海地铁工程建设指挥部和上海地铁总公司建设处联合摄制的录像片《上海地铁自动售检票研制》（1991 年 5 月）。

效益。对比同一时期的北京地铁，由于采用的是单一票价，虽然在管理上方便了，但是亏本严重。

另外一个收获则更具国家战略意义。AFC 系统设备是一项集机、电、磁技术为一体的综合性高技术产品，在国外一般都是由军工单位和厂家联合生产的，这是一项对系统性要求相当高的工程。此次课题组第一批完成的 6 台 AFC 设备主要包括两台自动检票机、两台半自动售票机、一台车票分类编码机和一台补票机，全部为国内自主制造，从经济层面上讲，直接为国家节约了大量外汇，更为国产化 AFC 系统的研制带来了丰富的技术积累，还锻炼了 AFC 系统领域的专业队伍。（fig.7）

据陈凤敏回忆，1991 年上海北区长途汽车站试用设备是由地处北嘉线隔壁的上海通号工程公司派人施工安装的。而在此之前，施工安装人员中谁也没见过 AFC 系统设备长什么样子，当然对如何安装也是懵懵懂懂，不知所措。怎么办呢？作为课题组组长的陈凤敏想了一些办法，她把前期搜集整理的资料全拿了出来，包括日本、新加坡等国 AFC 系统的录像和图纸，给施工人员看，还一边做讲解介绍。凭借着陈凤敏的理论功底，再加上施工人员的技术经验，愣是把设备安装好了。当时参与

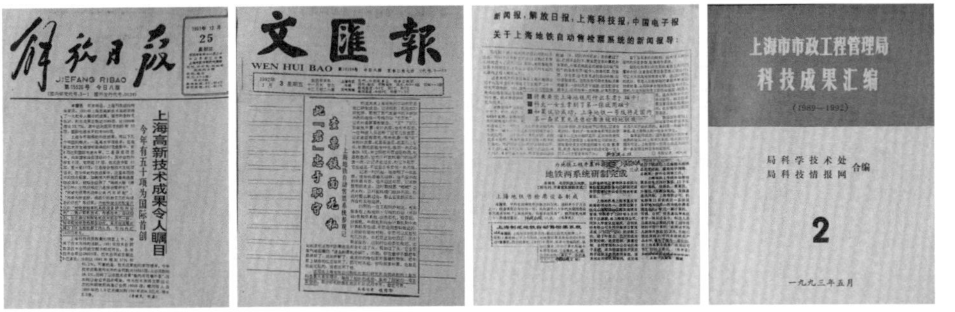
解放日报
JIEFANG RIBAO
上海高新技术成果令人瞩目
今年有五十项为国际首创

文匯報
WEN HUI BAO

新闻报，解放日报，上海科技报，中国电子报
关于上海地铁自动售检票系统的新闻报导：
地铁两系统研制完成

上海市市政工程管理局
科技成果汇编
（1989—1992）
局科学技术处
局科技情报网
合编
2
一九九三年五月

fig.7 样机设备在车站试用后各大媒体报道的剪报

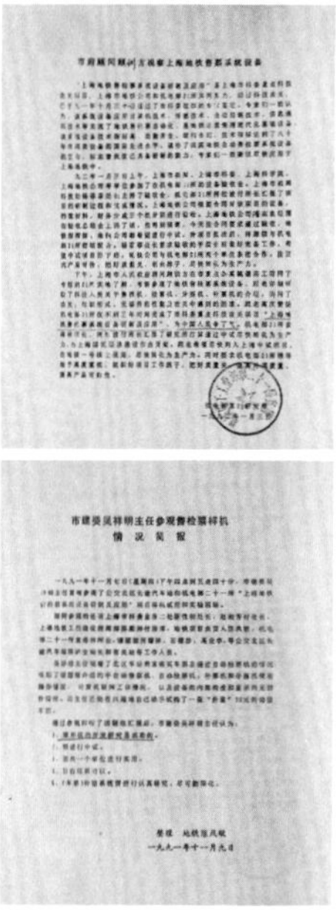
市建委吴祥明主任参观售检票样机
情况简报

整理 地铁陈凤敏
一九九一年十一月九日

fig.8 市委、市科委等领导参观后的讲话摘要

安装工程的张胜利师傅，通过参与上海地铁建设的这一番磨炼，加上他后来在南京地铁工作的经历，26 年间，即从一名普通的工程施工技术人员成长为一名能独当一面的项目部总经理。

项目的顺利完成也为课题组带来了荣誉。1993 年 4 月，课题组先后获得了上海市科委和市政工程局颁发的三等奖和一等奖证书。与此同时，陈凤敏与复旦大学统计运筹系又合作完成了“地铁车站乘客行程轨迹和客流密度分析”课题研究项目，她本人作为两个项目的第二、第一执行人和完成人，也被评为先进个人和高级工程师。（fig.8）

“AFC 之喜”与“AFC 之忧”

国产自动售检票设备的试用，应该说在国内外引起了不小的骚动。

先是上海电视台[25]、上海人民广播电台都对此进行了专题报道，国内其他拟修建地铁的城市也闻风而动，广州、南京、重庆等地轨道交通主管部门先后登门拜访或来信，找到陈凤敏表达合作意向，真可谓是第一个吃螃蟹的人引领了一堆吃螃蟹的人。（fig.9）

不仅仅是业内，AFC 系统设备试用也让国内有商业头脑的企业看到了商机。当时一家专业生产超市存包柜的厂商，正是看到相关新闻后深受启发，果断转型，开始布局轨道交通 AFC

25. 详见上海电视台《科技新世纪》栏目摄制的录像片“为地铁守门——记上海地铁自动售检票系统研制和应用，访上海地铁总公司高级工程师陈凤敏”（1991 年 5 月）。

系统领域。如今，这家企业已成为轨道交通自动售检票设备、轨道交通自动售检票设备零部件及相关配套设备的主机厂和供应商，在国内外收获多个项目，影响日益增大，被行业内频频点名提到，它，就是上海华铭智能终端设备有限公司[26]。

26. 该公司已于2015年6月上市，更名为上海华铭智能终端设备股份有限公司。

而在海外，日本电视台很快就转播了相关报道，但误认为“上海地铁 AFC 系统设备是法国的”，原来当年日本最早投入研发 AFC 系统的欧姆龙株式会社，在车站试用其设备时只有机芯、没有外壳，才导致日媒如此尴尬的报道。如果说日媒的报道多少还有点拐弯抹角的话，同时期新加坡报纸进行的相关报道，则更尖锐也更直接。他们报道的题目是《价值上亿的 AFC 项目能不能在中国人自己手中完成？》，给上海地铁 AFC 系统直接打了一个巨大的问号。可以想象当时来自海外同行与媒体的表情，这也从一个侧面可见从零起步的国产 AFC 系统，其过程是多么的艰难，其成功的意义又有多大！

正所谓“一石激起千层浪”。AFC 系统设备试用让原本波澜不惊、甚至清净得苍蝇飞过都能听见声音的 AFC 行业一时热火了起来，国内掀起了一股“AFC热”。有道是“酒香也怕巷子深”，

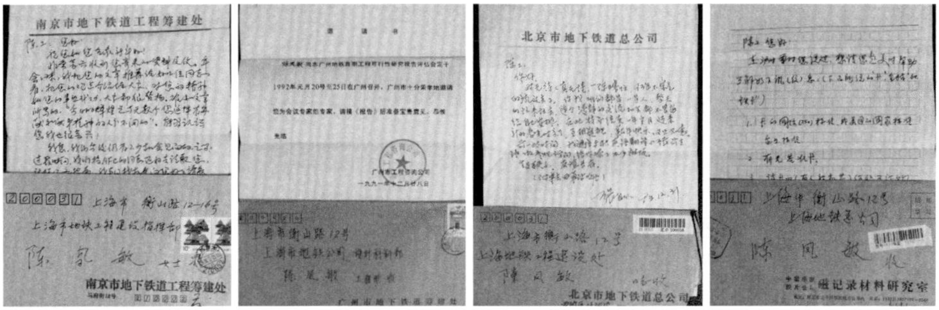

fig.9 *AFC* 研发设备在五个车站试用后陆续收到南京、北京、广州、重庆及中咨公司和美国 *Cubic*、磁记录厂的来信

原本这应该是一件好事，AFC 系统这个轨道交通建设的细分领域，本来没多少人关注，此时的红火或能让各地轨道交通建设主管部门重视起来，并共同推动我国 AFC 系统业务的发展。虽然陈凤敏对此也很欣喜，感觉自己这么多年的功夫终究没有白费，好歹做出了一点成绩，扩大了 AFC 系统的影响力，但同时她也感到一丝丝的担忧。

这种担忧来自两个方面：一是那时候开通使用的 AFC 设备仅仅是上海地铁的一段，而且这一段只占到整个上海地铁线路中很小的一部分，样本的代表性还不具很强的说服力，即“这部分的成功并不意味着未来全部的成功”；二是当时所出的样机只能说是 AFC 系统设备的一个“雏形”，只能称之为“功能样机”，距离成熟产品的定型生产还存在较大距离，需要后续不断改进。此外，虽然来自海外舆论的怀疑、轻蔑与冷嘲热讽一点也打不倒小个子的陈凤敏，但她内心中想要把国产 AFC 系统做到比发达国家好，置于这样标准下的她还是很有压力的。

重压之下，自然也就有动力去做得更好。1994 年 12 月，为了给日后研发 AFC 系统设备提供配套的磁卡车票，在上海市地铁公司陈殿邦副指挥的领导下，陈凤敏等一行五人又赶赴日本考察日本凸版印刷株式会社和日本信号株式会社。回国后不久，上海市地铁公司就与凸版印刷株式会社联合成立了合资公司——凸版印刷（上海）有限公司，公司总部设在上海浦东，同时在上海、北京及重庆设办事处，主营业务包括银行卡、交通卡、电信卡、智能卡、社会流通卡片等，这也可以视为持续推动国内 AFC 系统产业发展的提前布局。合资公司成立后，陈凤敏参加了工厂奠基仪式，在此之后，她还代表陈殿邦副指挥参加了凸版上海公司两届董事会。（fig.10，fig.11，fig.12）

中试暂停：第一次舆论危机和给市长的一封信

无论是喜是忧，AFC 系统课题组的脚步一刻未停。

AFC 系统样机研制成功并顺利进行试用后，上海地铁指挥部当机立断决定进行中试。由于中试规模比较大，需要投入试

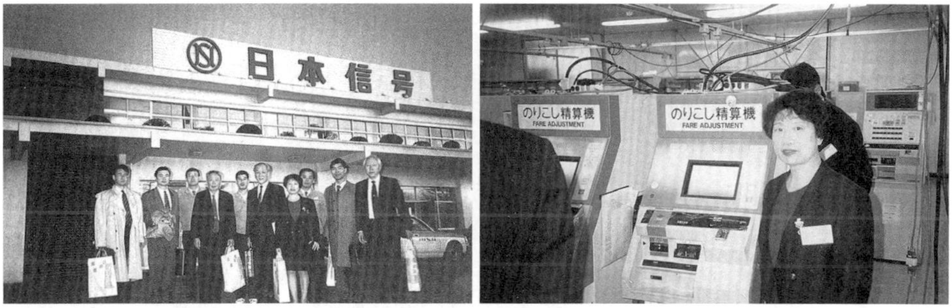

fig.10-1 为解决票卡制作配合 *AFC* 设备试用，随陈殿邦副指挥考察日本信号株式会社

fig.10-2 与陈殿邦副指挥在日本考察时的合影

fig.12 参加凸版印刷（上海）有限公司成立奠基仪式

fig.12-1 代表陈殿邦副指挥参加董事会

fig.12-2 董事会签约仪式

27. 详见上海电视台《科技新世纪》栏目摄制的录像片“为地铁守门——记上海地铁自动售检票系统研制和应用，访上海地铁总公司高级工程师陈凤敏”(1991年5月)。

生产，所以上海市地铁公司又投入了350万元。陈凤敏等人再接再厉，在不到一年的时间里又完成了包括自动售检票机以及各种配套机器在内的39台设备，其中包括自动检票机20台、半自动售票机10台、补票机8台、车票分类编码机1台、车站计算机系统5台套。

此时正好赶上上海地铁1号线南段通车，于是就在徐家汇及以南5座车站，即徐家汇站、万体馆站、漕宝路站、新龙华站（当时为地面站）和锦江乐园站分别安装自主研制的自动售检票机进行试运行[27]。理想很美好，现实却很骨感。这次试运行的过程和结果不是很顺利，设备时不时地会出现一些问题。从AFC系统设备的高科技含量以及完全自主研发的角度来看，出现一些情况也是可以理解的。然而，时间不等人，从AFC系统项目立项到设备样机面世，已近五年，眼看着上海地铁1号线将全线通车，2号线马上也开始动工建设了，再拖下去也不是办法。面对这种情况，上海市有关部门和地铁指挥部当即决定：暂停中试，改为引进。

AFC系统设备暂停中试无异于一个晴天霹雳炸在上海市地铁公司，炸在陈凤敏耳边。一时间，单位里众说纷纭，人心惶惶，说什么的都有，各种声音说法一时间全向陈凤敏涌来。想想也是，作为上海市地铁公司投入巨额资金、领导寄予厚望、社会各界广泛关注、海内外拭目以待的AFC系统项目，居然说叫停就叫停了。

陈凤敏知道，自己这次是陷入了有生以来最大的一次危机。如果说，她的一生中有一个时刻体会到清白和信誉对她本人和关心支持她的领导同仁是多么重要的话，那么一定是现在。但这一次，陈凤敏真的有点担不起了。

多少个夜晚，陈凤敏的心里满是悲怆，夜不成眠。想起接手 AFC 系统以来这些年所经历的艰难、压力、屈辱和损害，她非常难受，甚至思想有点动摇，但更多的是心有不甘：“做好了自然没事，做不好就全是事，但若要是大家什么都不做，社会如何发展，国家如何前进。但你要是想要做一点事情，又有谁能来为你担责任？”

所以，尽管难受，陈凤敏却也有着足够的坚毅和勇气。她觉得有些话如果现在不说，以后也许没有机会再说了，更遑论自己所钟爱的 AFC 系统事业的发展前景。既然内心做了决定，陈凤敏马上就行动起来，她要做的事情即便放在今天也会让人吓一跳，那就是给时任上海市市长的徐匡迪写信。

陈凤敏先打草稿，又工工整整地誊抄了两遍，完成了一封篇幅长达 7 页的信。写完后，陈凤敏把它投在了上海市衡山路 12 号上海地铁建设公司隔壁 704 研究所围墙外的信箱里。今天看到这封信时，我们或能感受到陈凤敏当时的心情。信的内容如下：（fig.13）

尊敬的徐市长：

您好！

最近听人转达了您在市科技大会报告中谈到对地铁自动售票项目的意见时，心里很不平静：因为市长终于过问这个项目了！

作为地铁公司一名直接从事自动售检票研制的项目负责人，我对该项目曾经作过 10 年的调查，与电子部第二十一研究所共同进行了 6 年的设

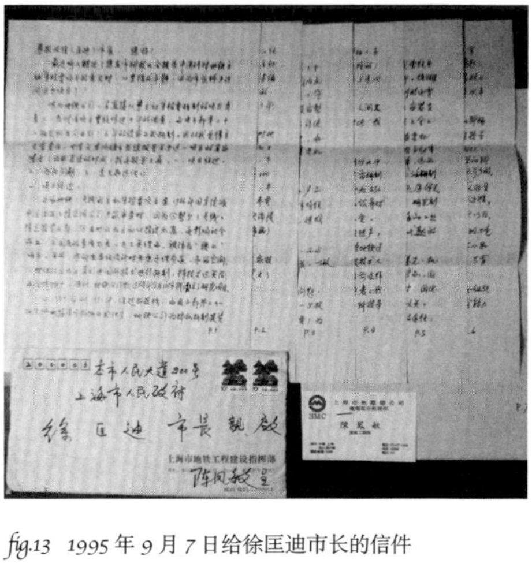

fig.13 1995 年 9 月 7 日给徐匡迪市长的信件

备开发研制。因此我觉得自己有责任，也有义务向徐市长您报告关于这一项目的真实情况（为节省您时间，扼要报告三点：一、项目经过；二、存在问题；三、意见和建议。）

一、项目经过

上海地铁1号线的自动售检票项目在1986年国务院派中国国际工程咨询公司专家审查时，因为：1.整个1号线工程总投资问题；2.当时认为自动化程度太高，要影响社会就业；3.国民素质太差。这三点理由，被降为“缓上”项目。另外，建议在车站设计时考虑预埋管道、预留空间，同时组织国内力量引进国外技术进行研制，待技术过关后在全线推广。据此，地铁公司于1988年9月向市科委立了研究项目。

从1989年到1991年，经过招投标，由电子部第二十一研究所承接该项目研制开发任务，地铁公司为样机研制投资178万元（另加12万美元外汇），市科委拨款20万元。经过三年时间，完成了使用磁卡的6台样机。其中，半自动售票机2台，自动检票机2台，补票机1台，车票分类编码机1台。项目于1991年10月31日通过市科委组织的，由当时市科委主任金柱青主持的专家技术鉴定。1993年，项目又被评为市科技进步三等奖，市政工程局一等奖。

1992年4月，项目经过专家论证，确立中试。当时地铁公司投资350万元（其中330万元用于设备研制，20万元用于工程设计配套，并含61.1万美元的外汇额度），市科委拨款25万元，电子部第二十一研究所贷款自筹100万元。经过1年半时间，共研制完成39台设备，其中，半自动售票机10台，自动检票机20台，补票机8台，车票分类编码机1台。并于1993年8月28日进入地铁南段五座车站开通试用——上海市民（也可以说是中国普通市民）首次尝试了用磁卡车票乘坐地铁的过程。

中试项目在 1994 年 5 月举行了由市科委组织的专家技术鉴定。专家们对中试设备在试用中所出现的问题提出了许多中肯的意见和建议。

二、存在问题

1. 技术上的问题

磁卡自动售检票设备的研究和应用，在国外已有三十多年的历史。我们上海只用了 3 年的时间，再加上国内原有的工业基础薄弱，材料、元器件和加工工艺都远远落后于世界先进国家，因此，造成研制的自动售检票设备整机性能达不到预期的可靠性指标要求。据地铁运营公司统计，从 1994 年 7 月 12 日到 10 月 31 日，共计一百多天里，每试用 3 小时，即发生计算机统计误差 67 台次，售票机故障 7 台次，检票机故障 41 台次。

2. 管理上的问题

由于电子部二十一研究所长期以来是从事军工产品开发研究，吃惯了“皇粮”，管理上缺乏竞争机制，对市场经济缺乏认识。科技人员之间缺乏一种大协作精神，造成中试阶段的售检票设备完成很不理想。具体表现：

（1）研究所的领导在事前没有征求市科委的意见，不与甲方（地铁公司）商议的情况下，主观撤换课题组长，以致酿成课题组人员思想紊乱，军心不稳。

（2）课题组人员之间，因为样机得奖，排名次问题，矛盾重重，互不服气。如所知，自动售检票系统是一个技术要求与系统性较高的项目，它的工作是以卡（车票）为中间媒体，进行信息读写和传递的。而二十一所的科研人员搞售票机的不服搞检票机的，搞机械的不服搞电路的；你在机器内走直线，我偏要走曲线，如此等等，终于造成系统设备的稳定性和可靠性大大被降低了。

（3）当研制设备上出现一些问题时，科研人员之间又互相推诿，二十一所领导（包括党委成员）声言：对此“我们也没有办法”。

3.给地铁的压力

从自动售检票系统设备研制项目的样机立项到扩大中试，地铁公司为之投入了一大笔资金，其中用于设备研制费约为530万元，另加工程配套设计施工安装费为450万元，合计近一千万元！由此可见，地铁公司的领导对这一项目的关心与支持，以及对该项目国产化的愿望。然而，由于前述原因，中试研制的售检票设备无法转产，更无条件在地铁工程实际中推广使用，这些情况给地铁造成的压力是很大的。我本人，身为地铁的一名高级技术人员，为售检票项目从事了近十年的工作，却造成目前这样一种上不去、下不来的状态，心情更是不堪言表。我觉得，对售检票项目中试中所出现的问题，二十一所领导是负有责任的。

三、意见和建议

为地铁自动售检票项目中试择机转产一事，我曾经考察调研过上海和外地的近二十家工厂企业及研究所。据调查所知，国内除上海以外，从事自动售检票设备研制的还有成都、沈阳、深圳、北京等地。但从深圳多力安装在北京世界公园门口的2台自动检票机和1995年北京三金工程展览会展出的北京新中航研制的八台门禁检票机，以及沈阳某厂自称为北京地铁研制完成的条形码自动售检票机来看，它们都没有形成系统，结构也十分简单，远不能与上海地铁的三十九台设备相比拟。显然，上海研制的自动售检票设备在结构和功能设计方面在国内还属领先。

上海能够在一无图纸，二无样机的情况下，研究制造出结构如此复杂的自动售检票样机，说明上海的工业基础和技术力量是不差的。为此，提几点不甚成熟的意见和建议，供您参考：

1. 提倡协作攻关。自动售检票系统设备是集光、机、电、磁、计算机五个方面专业的综合技术密集型产品，国内没有一家工厂企业是能够包含这五项专业的全才，因此必须博采众长。不管上海、外地，大家一起协作攻关。

2. 适当引进关键部件，不失是一条多快好省的途径。售检票系统设备在日、美、法等国的研制应用已有多年的历史，我们不应该重复别人走过的路，从头摸起，而应该尽量引进成熟可靠的关键零部件，在别人的基础上完善、提高，从而造出既能适合中国国情，又与世界水平相当的自动售检票设备。

3. 一定要建立起具有竞争意识和精于科学管理的科研班子。世间众多事物都是人所创造的。二十一所的经验告诉我们，如果人的工作没做好，则将一事无成。因此，建立一个具有竞争意识和善于组织、懂技术、讲科学的科研领导机构是完成自动售检票系统设备开发研究必不可少的。

4. 要给科研成果一个成长壮大的时间和环境。人非圣贤。人对事物的认识和提高，需要有一定的时间和过程，搞科研技术也一样。自动售检票设备样机研制出来以后，肯定会有不尽完善的地方，对此，除了创造合适的环境和条件供试验、检测之外，还需要有公众的关心和扶植，使之不断成长、壮大，而不是因噎废食。只有这样，我们的事业才能发展。

总之，我觉得中国人不笨，上海人更聪明。只要组织落实、领导科学，在最近几年内，中国乃至上海一定有能力造出与世界水平齐头并进的自动售检票设备。

希望能得到您的批示。

毫无疑问，这样一篇长篇大论，饱含着陈凤敏对于 AFC 系统中试暂停的不甘，却也直接揭示了当时存在的显著问题，更体现了陈凤敏不达目的决不罢休的决心。至于当时为何想到给市长写信，陈凤敏说：“在上海市一次科技大会上，时任上海市长徐匡迪与市委副书记陈至立谈到了关于 AFC 系统设备研发的问题。我从公司同事那儿听到这件事情后很是吃惊，也很兴奋。既然领导也很关心 AFC 系统设备研发，那这个事情或许还有转圜的余地。为了让上海市有关部门和领导更加清晰地了解中试中止的真相，我抱着死马当活马医的心态，没有经过任何人的同意，就毅然决然地写下了这封信。”

“信寄出后，我心里感到一阵轻松，也没想要什么结果。”当然，她应该还是希望徐匡迪市长介入一下的。事后看来，这封信或许也是力挽国产 AFC 系统之狂澜于既倒的一封信。徐匡迪市长不仅阅读了她的信件，还专门批示意见给当时主管基建的夏克强副市长和当时主管工业科技的华建敏副市长，于是层层下达，终于到了上海市地铁公司陈凤敏的主管领导石礼安指挥手上，多少有点猝不及防的石礼安，随即找到陈凤敏谈话。

冥冥中的共同梦想与默契

时隔多年，作为陈凤敏的主管领导，石礼安指挥谈及当时的情形，还十分感慨。（fig.14）

邓艳（采访者，现任上海闻鼎公司总经理）：您当时是怎么看待陈凤敏写信给徐匡迪市长这件事情的？

石礼安：这个事情很难说。因为当时也提倡要搞科学研究，但是科研投入不一定有产出，甚至有时候完全不成正比，这也是很正常的。当时上海地铁 2 号线启动在即，因为 AFC 系统项目研发已经等了 5 年，不能再耽搁下去。所以市里和地铁指挥部决定暂停中试，引进设备，与上海地铁 1 号线两条线的设备一起购买，这个也是能理解的。当然陈凤敏心里有想法也很正常，毕竟 AFC 系统是她多年坚持的一份事业。

邓艳：您对陈凤敏当时写信这个举动是什么样的心情？

石礼安：当时我自己也有点矛盾，我知道这个项目任重道远，

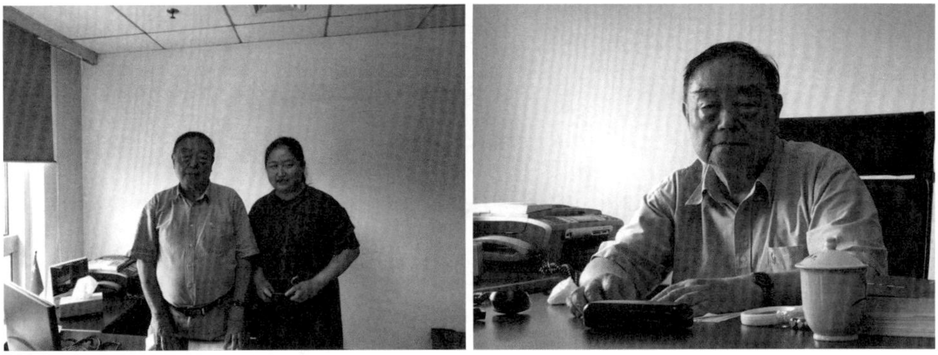

fig.14 闻鼎公司邓艳总采访石礼安指挥

而且通过自力更生推动国产化也于国有利。但AFC系统从无到有，要想短时间内达到和国际一样的水平是很难的，也不能马上解决现实问题。陈凤敏本人积极性很高，她很想做这个工作，再加上也符合当时国内的大方向，项目最终立项，包括后面的设备研制和中试，她都做了大量的工作，发挥了很大的作用。

石礼安非常理解陈凤敏当时的处境，也非常看重轨道交通AFC系统的国产化自主创新工作（见序二）。但当时更现实的问题是，上海地铁工程“时间紧、任务重”，为了顾全大局，陈凤敏只能暂时“罢手”。

不过，这封信还是很有价值的。它不仅让上海市有关部门和领导看到了AFC系统的重要性，也让陈凤敏身处的舆论环境改善了许多——自从石礼安拿到了陈凤敏那封信的复印件后，上海市地铁公司里的闲言碎语也日渐降温了。中试虽然没有成功，却也不代表失败，国产化的AFC系统仍然在路上。

这里说到上海地铁工程建设指挥部指挥石礼安，这位在陈凤敏攻坚AFC系统生涯中多次出现的人物，是陈凤敏非常尊敬和感激的领导。

石礼安原是上海市市政工程局副局长，他的弟弟石礼文则是上海市建工局局长，两人没有什么家庭背景，却一个管地上，一个管地下，一家出了两位局长，着实是有过人之处的。地铁工程建设千头万绪，作为指挥的石礼安样样都要管，很不容易。“他担任地铁工程指挥后，每天的工作都排得满满当当的，不是喊张三就是叫李四，嗓子都是沙哑的，真的非常辛苦。”

对陈凤敏负责的AFC系统项目，石礼安也很关注，甚至可以说是陈凤敏的坚强后盾。在AFC系统设备的研发过程中，难免遇到各种质疑，石礼安经常在百忙之中抽空来协调处理，对AFC系统设备国产化给予了最大支持。当时上海市地铁公司投入AFC系统项目研制费用总计550万元，其中样机阶段200万元，中试阶段350万元，每次都几乎创造了当时科研项目投资之最；后来陈凤敏带考察团前往新加坡、美国、日本等地学习交流，同样也离不开石礼安的大力支持，而这些，石礼安多多少少也是顶着多方压力部署的。

石礼安不仅在大方向上给予支持，有时候也会关注AFC系统项目的具体工作事务，推动AFC系统设备顺利安装试用。

比如，关于车站的收费区与非收费区之间安装隔离栏杆的问题。陈凤敏提议安装不锈钢栏杆，以适应上海国际大都市不断发展的需要，但是这在20世纪90年代初成本还是相对较高的，然而安装一般马路上用的铁栏杆和水泥墩又实在有碍观瞻。石礼安多方衡量考虑，最终采纳了她的方案。

又如，关于AFC系统设备安装如何实现既挡风雨日晒又美观耐看的问题。由于AFC系统设备属于智能型电子装备，不宜雨淋和暴晒，当时中试研发的39台设备分别安装在徐家汇以南的五座车站，其中新龙华站当时位于地面，装在站台的售检票机也位于地面，一到下雨天机器就要淋雨。为了不影响AFC系统设备正常工作，陈凤敏提议在地面车站搭建雨棚。石礼安表示同意，但提出了“不能影响周围景观”的要求。怎样才能做到既能遮风挡雨又不影响美观呢？陈凤敏与项目组人员以及运营公司的同事一起到现场踏勘，而且专挑下大雨的时候去看，去寻找遮挡的关键点，做好了方案又回去与石礼安交流探讨。功夫不负有心人，在大家的共同努力下，新龙华站的雨棚最终实现了既美观且挡雨的目标，

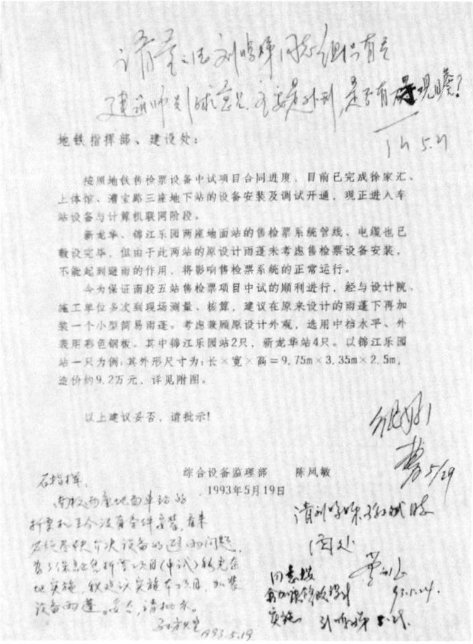

地铁指挥部、建设处：

按照地铁售检票设备中试项目合同进度，目前已完成徐家汇、上体馆、漕宝路三座地下站的设备安装及调试开通，现正进入车站设备与计算机联网阶段。

新龙华、锦江乐园两座地面站的售检票系统管线、电缆也已敷设完毕，但由于此两站的原设计雨蓬未考虑售检票设备安装，不能起到避雨的作用，将影响售检票系统的正常运行。

今为保证南段五站售检票项目中试的顺利进行，经与设计院、施工单位多次到现场测量、核算，建议在原来设计的雨蓬下再加装一个小型简易雨蓬。考虑兼顾原设计外观，选用中档水平、外表用彩色钢板。其中锦江乐园站2只，新龙华站4只。以锦江乐园站一只为例，其外形尺寸为：长×宽×高＝9.75m×3.35m×2.5m，造价约9.2万元，详见附图。

以上建议妥否，请批示！

综合设备监理部　陈凤敏

1993年5月19日

fig.15 当年地铁指挥部对新龙华车站加装雨棚的批注要求

而且显得别致又有特色。如今新龙华站已改为地下车站，雨棚也早已不复存在，这让陈凤敏留恋中也带有一点点遗憾。（fig.15，fig.16）

陈凤敏也是后来才知道，石礼安原来也毕业于同济大学。或许正因为如此，石礼安和陈凤敏很容易找到共同点，也很容易达成默契，这在他们为推动上海地铁 AFC 系统项目顺利开展的征程中减少了很多不必要的沟通障碍，很多问题也在这种默契下迎刃而解。

除了石礼安、陈殿邦等上海市地铁公司的领导，当时上海市科委的陈信初处长也对 AFC 系统项目给予了极大的关怀，尤其在 AFC 系统项目遭遇中试困难、陈凤敏的压力越来越大一度出现思想动摇的时候，陈信初处长勉励她“应该坚持”，这堪称一份雪中送炭的情谊。

也许真的是冥冥之中自有天意，AFC 系统不仅仅是陈凤敏追随的那份事业，也是所有上海市地铁公司人关注的梦想，当然也离不开那些关心 AFC 系统项目、关心陈凤敏的领导、同仁、家人和朋友。而这，也正是上海能成为中国内地首个开通轨道交通 AFC 系统城市的重要原因。

fig.16 当年上海地铁 1 号线新龙华地面站

第四章
调整：引进与国产化，两条腿走路

没有亲身经历研发过程的人，很难理解其中的重要性。制造不等于拼装，这是完全不同的两个概念。况且 AFC 是一个系统工程，不能有的车站有，有的车站没有。

——陈凤敏

AFC 全面引进

中试暂停，但上海地铁建设的步伐却在加快——1 号线于 1993 年建成，2 号线也已开工。然而与之配套的国产 AFC 系统设备却还处在功能样机阶段，尽管陈凤敏团队付出了艰苦卓绝的努力，实现了国产 AFC 系统从无到有的巨大突破，但国产 AFC 系统设备在结构和功能设计上仍有不少地方需要改进，即便乐观估计，从样机到产品还需要四五年的时间。

虽然国产化很重要也取得了重大成果，但时间等不起了，这也是上海市有关部门和地铁指挥部决定暂停中试改引进的重要原因之一。驱动力不仅仅在内部，当时上海市人大和政协代表在参观城市地铁工程建设时，看到纸质售检票时，也表达了相关观点，大概意思就是：在上海如此崭新的地铁工程中，如果还用人工售检票而不是自动化收费设备，是十分不配套的。代表们甚至用“穿西装，着草鞋”的比方来形容，虽然直白了点，倒也贴切。

AFC 系统有多重要，用陈凤敏的话来说：“没有亲身经历研发过程的人，是很难理解其中的重要性的。制造不等于拼装，这是完全不同的两个概念。况且 AFC 是一个系统工程，不能有的车站有，有的车站没有。”即便颇不甘心，陈凤敏也逐渐接受了中试暂停的现实，上海地铁建设大局在前，AFC 系统设备的上线刻不容缓。

就这样，为了追上地铁工程建设的进度，早日结束人工售检票时代，上海地铁工程指挥部决定暂停 AFC 系统相关试验，同时向上海市政府提交了关于引进国外 AFC 系统设备的报告。轨道交通 AFC 系统设备从国内自行开发由此转为全面引进，时为 1993—1994 年之交。

消息一出，世界各国知名 AFC 系统设备厂商闻风而动，美国 Cubic、日本欧姆龙、法国 CGA、日本日信等纷纷表达了合作意愿，一时间上海市地铁公司门庭若市。

面对众多的“追求者”，该如何抉择呢？又能通过什么方式更好更快地作出抉择呢？这成为摆在上海市地铁公司面前的一大难题。考虑到当时国内 AFC 行业仍处于起步阶段，精通这块领域的专家可谓凤毛麟角，而大家又想博采众长，逐个拜访考察耗时耗力耗财，“走出去”显然是不太现实的。

就在众说纷纭莫衷一是的时候，陈凤敏提出一个“请进来”策略。

怎么个请法？如何进来？

按照陈凤敏的想法，由上海市地铁公司会同有关部门联合举办一个国际 AFC 系统设备展，邀请 AFC 行业的世界各大知名厂商前来参展。“如果要出国考察这些厂商，人力物力有限。但是在上海办展，有关 AFC 系统设备的生产厂家、设计院、施工单位甚至相关部门的领导都能前来参观，覆盖面可以很广。”

陈凤敏的这个提议很快得到上海市地铁公司内部的一致认可，也得到了上级主管单位的支持。于是在 1994 年 9 月、10 月、12 月，上海市地铁公司在上海地铁 1 号线先行通车的万体馆站（旧名）分别举行了三场展示会，现场情况证明了陈凤敏判断的正确。不仅来自美国 Cubic、法国 CGA（后更名为泰雷兹）、日本信号公司等 AFC 系统领域国际知名厂商积极参展，随展的还有各大厂商的自动售票机（TVM）、自动检票机（GATE）等设备，同时，上海地铁指挥部、上海科学院、设计院、研究所、生产厂家、工程施工单位、地铁公司等单位的领导、专家及相关工作人员也纷纷前来参观，可谓人气爆棚。（fig.1，fig.2，fig.3）

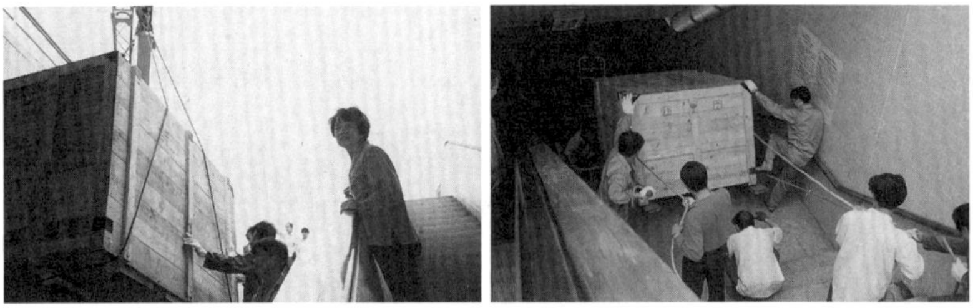

fig.1 向地铁万体馆站运送展示设备

fig.2 AFC 设备展示会现场

展示会不仅给了上海市地铁公司近距离考察 AFC 系统设备厂商的机会，也是 AFC 行业的一次交流盛会。为了争取潜在客户和商机，参展的 AFC 系统设备厂商对参观人员是有求必应，无论是专业问题还是常识问题都一一耐心解答。这不仅仅是一个技术展示的过程，也是一次品牌推广的机会。因此，无论从哪方面看，这次 AFC 系统展示会是非常成功的，联想到陈凤敏后来组织国标宣贯、AFC 论坛等行业交流平台，这次展示会不能说有直接的联系，但毫无疑问启发了陈凤敏。

fig.3 石礼安指挥及相关领导认真考察展示设备

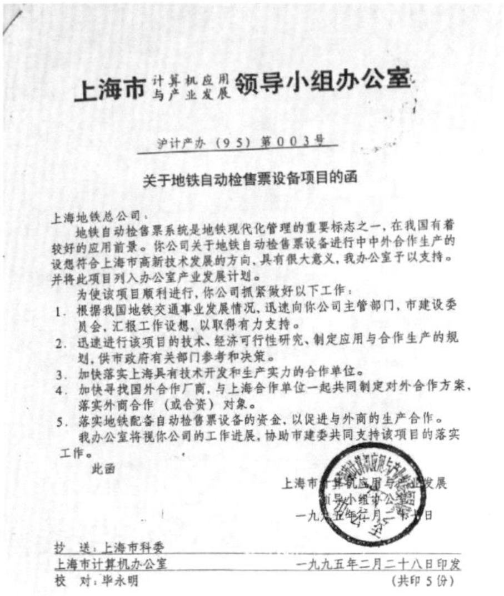

上海市计算机应用与产业发展领导小组办公室

沪计产办（95）第003号

关于地铁自动检售票设备项目的函

上海地铁总公司：

地铁自动检售票系统是地铁现代化管理的重要标志之一，在我国有着较好的应用前景。你公司关于地铁自动检售票设备进行中中外合作生产的设想符合上海市高新技术发展的方向，具有很大意义，我办公室予以支持。并将此项目列入办公室产业发展计划。

为使该项目顺利进行，你公司抓紧做好以下工作：

1. 根据我国地铁交通事业发展情况，迅速向你公司主管部门，市建设委员会，汇报工作设想，以取得有力支持。
2. 迅速进行该项目的技术、经济可行性研究、制定应用与合作生产的规划，供市政府有关部门参考和决策。
3. 加快落实上海具有技术开发和生产实力的合作单位。
4. 加快寻找国外合作厂商，与上海合作单位一起共同制定对外合作方案、落实外商合作（或合资）对象。
5. 落实地铁配备自动检售票设备的资金，以促进与外商的生产合作。

我办公室将视你公司的工作进展，协助市建委共同支持该项目的落实工作。

此函

上海市计算机应用与产业发展领导小组办公室

一九九五年二月二十八日

抄　送：上海市科委

上海市计算机办公室　　一九九五年二月二十八日印发

校　对：毕永明　　（共印5份）

fig.4 上海市计算机应用与产业发展办公室同意引进 AFC 的批文

不出国门就能享受一次 AFC 系统设备的饕餮盛宴，让业内对 AFC 系统设备有了更加直观的认识，也在上级主管单位那里留下了深刻的印象。最直接的作用就是，1995 年 2 月 28 日，上海市计算机应用与产业发展领导小组办公室正式批复上海地铁总公司，同意全面引进 AFC 系统设备。（fig.4）

批文中有这么几段话：

地铁自动售检票系统是地铁现代化管理的重要标志之一，在我国有着较好的应用前景。你公司关于地铁自动售检票设备进行中外合作生产的设想符合上海市高新技术发展的方向，具有很大意义，我办公室予以支持，并将此项目列入办公室产业发展计划。

为使这个项目顺利进行，你公司抓紧做好以下工作：

……

4．加快寻找国外合作厂商，与上海合作单位一起共同制定对外合作方案，落实外商合作（或合资）对象。

……

上海市计算机应用与产业发展领导小组办公室

1995 年 2 月 28 日

由此可见，陈凤敏当初的这个提议，带来了 AFC 系统设备展示会的巨大成功，进一步加快了上海引进 AFC 系统设备的步伐。

起起落落：与美国 Cubic 公司谈判

批复下来后，上海市地铁公司着手准备与各家 AFC 系统设备厂商交流谈判，具体的对接项目名称是“上海地铁 1 号线与 2 号线（一期工程）的自动售检票系统合同”。但是选哪一家厂商呢？

早在上海市地铁公司成立之后不久，陈凤敏就和同事们先后与日本国际事业协力团（JICA）、中国香港地铁咨询专家（当时还是英国人）、美国 GFI 公司、美国 Cubic 公司、法国达索公司、法国 CGA（后更名为泰雷兹）公司、日本信号公司、日本欧姆龙公司、日本三菱公司、日本丸红公司等交流过，接触到了大量国际领先的 AFC 系统技术。应该说，这些公司每家都有自身的特点和优势, 在国际上也有着相当的知名度, 通过这次展示会, 让陈凤敏他们对这些厂商有了更直观更深刻的认识。

最终，经过多方面的比较，上海市地铁公司决定采用美国 Cubic 公司的 AFC 系统设备。一来美国 Cubic 公司是当时业内翘楚，技术可靠，案例丰富；二来陈凤敏团队第一次出国考察 AFC 系统在新加坡参观的就是美国 Cubic 公司的产品，可谓早已有了第一手的认知了解；三来美国 Cubic 公司自 1988 年就与上海市地铁公司建立了联系，时任美国 Cubic 公司市场部总经理的黄庆如先生一直与上海市地铁公司、与陈凤敏保持联络，陈凤敏团队在新加坡参观也是黄庆如先生参与接待和安排的。正是这种对中国 AFC 系统发展的看好和用心，美国 Cubic 公司对上海市地铁公司和未来 AFC 系统设备的应用早已心中有数，并且与 FAS、BAS 等专业一起，获得了美国政府的贷款。

初定了厂商，接下来就是具体引进细节和与美国 Cubic 公司的技术谈判。要说谈判也是门技术活，但作为推动上海轨道交通 AFC 系统项目的主要负责人，陈凤敏一开始却并不是谈判团队中的成员之一。个中缘由，陈凤敏自己也说不清楚。当时上海市地铁公司和地铁指挥部，一度号称“七经理八指挥”（当然也有身兼两职的情况）, 对于 AFC 项目, 有支持的也有反对的。虽然支持陈凤敏支持 AFC 项目的人很多，上自领导下至同事，但架不住一些好事的“反对者”也为数众多，或许是中试暂停带来的舆论影响过大，也或许是觉得谈判暂时不需要陈凤敏，于是在与美国 Cubic 公司谈判的初期，陈凤敏并没有参与其中，这让包括黄庆如先生在内的很多人感到有点小诧异。

陈凤敏的上级，时任上海市地铁公司机电项目部部长的孙方煌，也作为部门领导之一参与了当时的谈判。在上海市地铁公司第一次与美国 Cubic 公司交流之后，孙方煌找到了陈凤敏，把交流的情况告诉了她，让她从轨道交通 AFC 系统专业的角度谈谈看法。陈凤敏此时被谈判组晾在一边，按道理这种事情她完全可以敷衍一下，但轨道交通 AFC 系统已被她视为自己的一份事业，无关乎个人荣辱。根据孙方煌的介绍，陈凤敏综合考虑后阐述了自己的观点，孙方煌觉得很有道理，两人都觉得有必要把沟通情况告知一下石礼安指挥。但当时石礼安身兼重任，办公室等着他谈工作的人非常多，甚至排成了长队，大家打趣说：有点像医院里的“专家门诊”。这样就有了陈凤敏就谈判事宜给石礼安写的第一封信：（fig.5）

由于是首次交流，似乎还有不少需要再斟酌的地方。今反映几点，供领导参考：

1. 谈判过程给人总的印象，有点太偏重于计算机方面。因为购买 AFC 系统与购买计算机不同。在 AFC 系统内，计算机只能算是其中一部分。为此，建议尽量摆正谈判的重心位置。

2.AFC 系统的车站设备在投资上约占整个项目的 2/3，所以建议谈判前，先把 BOM、TVM、Gate 的结构、功能及运营管理上的操作配合讨论清楚，将会更有利于谈判进程。

3. 关于编码 / 分类（E/S）机：通常认为有 E/S 机可以构成 AFC 循环网络，没有 E/S 机也可以构成 AFC 循

fig.5 与孙方煌（右二）等人在车站合影

环网络。所以，究竟需不需要设置E/S机，宜与客运管理部门研究讨论决定，因为E/S机的价钱很高。

4. 关于IC（CSC）卡：IC（CSC）卡是现今世界新兴的一种信息传播载体，对其有关的标准、规范都还没有健全。目前只有对13.56MHZ频点作过统一规定。为了保证卡的密级，有关内容及管理模块均由各生产制作厂、公司自定，这样就造成CSC卡不能互换通用。

CSC卡在注入信息——成为有价值的电子数据后，即相当于钱币。就跟钱币制造一样，各个国家都有自己的制币方式，并且绝对保密。因此，地铁在考虑选用哪家公司的CSC卡时，必须从长计议，慎重考虑。

5. 关于国产化问题，这一问题涉及一整套生产组织、产品调试、检测、销售等工作，Cubic公司要求“签好合同再详细讨论”。

究竟是签好合同再谈，还是谈好合同再签，这是有区别的，建议慎而待之。

信的落款日期是1996年5月7日。

信写好后，陈凤敏交给孙方煌阅毕，并由他签注后转交给了石礼安指挥。这封信字字珠玑，从大方向到小细节都有论及，从当下到未来都有提到，体现了陈凤敏缜密的思维和超前的意识。毫无疑问，信中内容为上海市地铁公司引进Cubic公司AFC系统设备进一步理清了思路，明确了方向，有力推动了双方谈判进程。

谈判仍在继续，细节也越来越深入，到谈判接近尾声的时候，陈凤敏被通知加入谈判团队参与谈判，她对此倒也没多想别的，就积极参与进来。由于谈判后期大的框架都七七八八了，陈凤敏秉着专业、负责的态度，仔细梳理引进设备的细节问题，想尽可能地发挥自己在轨道交通 AFC 领域打磨多年的优势，为上海地铁引进 AFC 系统设备献计献策。这样又有了陈凤敏就谈判事宜给石礼安写的第二封信，此时是 1996 年 6 月 16 日，信仍通过机电项目部部长孙方煌转交。

这次这封信里，陈凤敏提到了很多，其中较为关键的部分如下：

1. 关于 End Gate：Gate（检票门）通常有四种类型，即出口门、入口门、双向门、终端门。End Gate 即谓终端门，也是属于系统内的一种设备。从谈判中获知，Cubic 在给我方的报价中没有包括这部分，因此不得不使人联想：对方的降价可能也包含减少提供给我方的设备上面。

据初步推敲，1 号线、2 号线加在一起，End Gate 将有 100 多台，如果这部分由地铁自己做（谢工[28]认为，可以由地铁自己用铁皮和栏杆代替做上），则是否又要追加投资？

为此，建议对外面的借贷内容作进一步详细审查（因在我们的文件内没有设备材料表，故请作深入分析）。

2. 关于设备中有 95% 的机械装配件是英制的问题：仍由谈判获知，Cubic 卖给我方的设备，其机械装配件有 95% 是属于英制的，这令人十分震惊，注意到问题的严重性，因为它可能会影响将来设备的维修和国产化工作。

事实是，国际上从 70 年代开始就已强调推广使用公制，连创造英制的英国，也宣布在 2000 年前，全部结束由英制转公制的工作（外方也曾透露，今后主要以 IC 卡为主，不再生产类似设备）。因此，

28. 谢工，全名谢志刚，是当时上海市地铁公司机电设备部的经理助理，刚从市政局调过来。

如果我们买进没有转为公制的英制设备，今后这些设备一旦需要维修，其中配件，乃至螺丝螺帽就将无从购买，也无处加工。对此，建议在谈判中，尽一切可能把英制的含量减少到最低限度。

3. 关于系统设备的维修、操作手册问题：记得参加广州地铁谈判时，Cubic 提供的文件除了商务之外，与技术文本一起的还有类似维修手册和操作手册等，如 CARCG WDD 操作手册、OM/93（—1）、CARCG WDD 维护手册 MM/93（—1）（—2）（—3）。上海在谈判时，无这些资料，而仅有 1982 年版的九广铁路资料，且都是些分列元件组成的线路，和结构十分复杂的传动机件，会给运营的维修、操作带来一定的影响。会上提醒时，谢工解释："要合同签好后他们（外方）才会给。"不清楚上海与广州为什么会有此区别？

4. 在 1996 年 6 月 14 日（周五）上午的会议上，外方要求在文件 WARRANTY 的备注栏上加入"一年维修期内不包括易损易耗件的调换"条款，我们认为这是以往地铁在对外合同中所绝无仅有的，也是很不合理的，对此应持"没有商量"的态度！

5. 再提一次 E/S（编码／分类）机：在谈判中，我方是要求 E/S 机能分别好票、坏票两种，对功能如此简单的设备，价格应相对便宜许多，因此，建议在商务谈判时再细审一下。

为了不使上海市地铁公司在备品备件上遭受损失，面对美国 Cubic 公司提供的美制、英制设备，陈凤敏还专程请教了一位老技术专家，那就是她的父亲陈成达。"父亲以一辈子从事机械行业的技术经验，还有一颗拳拳爱国之心，点拨我，让我更加明确了方向，我也才有十足的勇气再给上海地铁指挥部领导建言献策。"

相对于第一封信，这封信更为细致，除了谈到 End Gate、

E/S 机这种涉及设备和资金的问题，更关键也是最可能忽略的是，陈凤敏从维修保养角度出发——这中间陈凤敏无疑从与她父亲的谈话中受到启发——提出了关于设备英制公制的问题。别小看这个规格问题，诚如陈凤敏在信中所言，“今后这些设备一旦需要维修，其中配件，乃至螺丝螺帽就将无从购买，也无处加工”，那样引进的这些国外高端设备用不了几年就有报废成为一堆破铜烂铁的危险。国家花费如此巨额外汇购买 AFC 系统设备，身为谈判成员之一，陈凤敏觉得自己非常有责任想得更周全。事实证明，她的很多想法特别是一些原则性问题的考虑都是正确的。然而，抛出英制公制问题的陈凤敏被谈判组认为干扰了谈判进程，再次把她“打入冷宫”，逐渐不再让她参与谈判，陈凤敏对此也很无奈。

在陈凤敏两次写给石礼安等上海市地铁指挥部领导的信中，我们可以看到陈凤敏的细致入微、一丝不苟，以及这种态度背后强烈的事业心和爱国心，也能一窥当时谈判的细节概况，需要考虑到方方面面、里里外外，着实是不容易。（fig.6）

所幸最终谈判还算比较顺利，上海地铁 1 号线、2 号线从美

fig.6 上海地铁公司引进 *Cubic* 公司 *AFC* 系统设备合同签约后合影

国 Cubic 公司引进 AFC 系统设备尘埃落定。据陈凤敏回忆，当时这一整套（含地铁 1 号线和 2 号线）设备合同金额为 2800 万美元，作为国内第一套投入商业运营的轨道交通 AFC 系统，上海地铁可谓不遗余力，纸质售票终于要退出历史舞台，高大上的西装终于可以配上亮锃锃的皮鞋了。

虽然陈凤敏并没有全程参与谈判，但她提出的很多观点在后面都得到了落实和印证，她后来也参与了引进设备的安装和调试工作。1998 年 9 月，上海市地铁公司最先在上海地铁 1 号线安装调试 AFC 系统设备，半年多后，也就是 1999 年 3 月 1 日正式开通运营。当时春节刚过，央视一套“焦点访谈”专题报道了上海地铁 AFC 系统设备开通运营的情况，堪称我国轨道交通 AFC 系统历史上划时代的大事件。（fig.7，fig.8）

系统投入运营后，体现了高效便捷的特点，供应商美国 Cubic 公司看到运营和管理的各项技术考核指标，也赞赏有加：“上海地铁 1、2 号线的 AFC 系统运营和管理水平已步入了国际先进行列。”目前，这套系统历经升级完善仍在顺利运行，

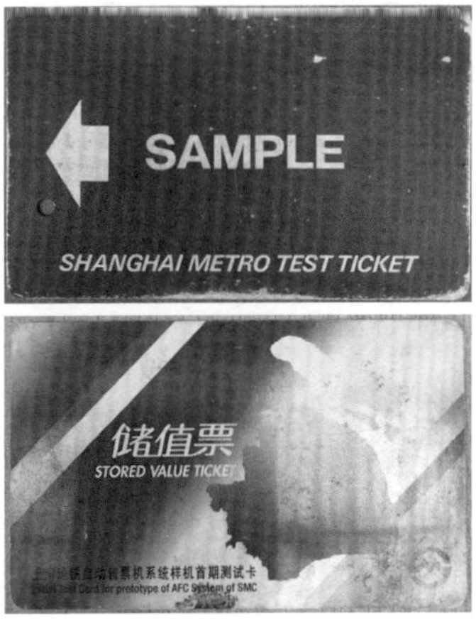

fig.7 Cubic-AFC 设备开通初期用的测试票

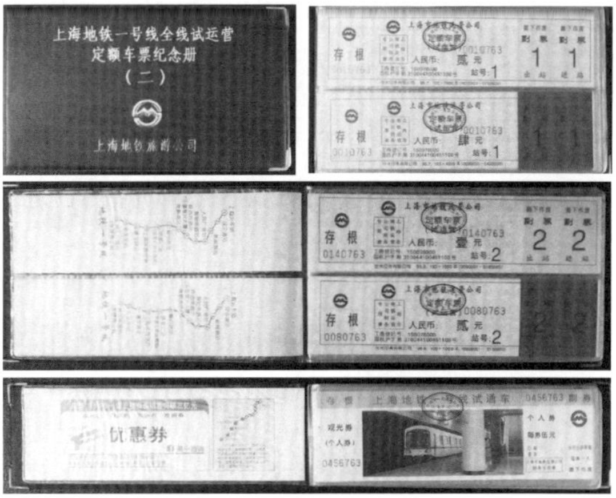

fig.8 地铁 1 号线通车初期人工售检票时所使用的纸质观光票和乘车票

进入国有资产保值和升值的良性循环，这也再次印证了前期谈判的重要性和正确性。

上海地铁 1 号线 AFC 系统设备的成功安装和运营，给上海地铁 2 号线安装 AFC 系统设备打下了良好基础。2000 年 6 月 11 日，上海地铁 2 号线一期工程建成通车，AFC 系统也顺利开通，陈凤敏作为嘉宾应邀出席了通车仪式。（fig.9）

至此，上海地铁引进国外先进的轨道交通 AFC 系统设备告一段落，还算比较顺利。

“走国产化道路，一百年不会错”

上海地铁成功引进美国 Cubic 公司轨道交通 AFC 系统设备，开国内之先河，但轨道交通 AFC 系统国产化的道路并没有因此戛然而止。

引进国外先进技术和设备，最大的优点就是快速跟上国际潮流，第一时间享受到国际最前沿的技术成果，但完全依赖进口也存在一些问题。首先就是成本高昂，不仅单次引进的技术设备价格不菲，后期的维修保养费用也居高不下，在当时国家外汇资源相对紧张的情况下，这个问题更为明显；其次，虽然引进了轨道交通 AFC 系统设备，但 AFC 系统的关键技术仍然掌握在国外企业手中，系统的维护和升级仍要假于他手，设备备件不足，售后服务难以做到第一时间响应。这些都是摆在上海市地铁公司面前实实在在的困扰。多方面考虑，作为轨道交通领域最基本最重要的系统之一，也是当时国家需重点解决的三

fig.9-1 参加地铁 2 号线通车仪式，与石礼安指挥（中）合影

fig.9-2 参加地铁 2 号线通车仪式，与党委书记朱沪生（左二）合影

个国产化系统之一，轨道交通 AFC 系统国产化势在必行。

事实上，轨道交通 AFC 系统国产化是有一定基础的，若非上海地铁建设日新月异，对 AFC 系统的需求刻不容缓，也许陈凤敏牵头研发的 AFC 系统将继续沿着中试既定的进程走下去。此时上海地铁洽谈引进美国 Cubic 公司 AFC 系统设备，陈凤敏作为谈判成员之一，一边积极参与谈判，一边仍然坚信国产化的路子不会错，用她自己的话说：“走国产化道路，一百年不会错！”联想到近年来美国以核心技术要挟市场的国际形势，国产化更是不得不走、永不止步的一条路。

上海市地铁公司也本着两条腿走路的原则，一面引进国外先进技术设备，一面着手开展国产化工作，并把它作为探索城市轨道交通国产化工作的一个主要项目。在此期间，陈凤敏综合多方考虑，提出将之前开发的 AFC 系统设备有偿转让给上海邮电通信设备股份有限公司（即上海邮通，后来重组为普天轨道上海公司），希望借上海邮通之力早日实现轨道交通 AFC 系统设备国产化的目标。当时，在给上海市地铁公司王振信、北京全路通设计院杨家齐两位总工程师的信中，陈凤敏是这样说的：

关于地铁与二十一所一起研制的 AFC 设备：

由于中试阶段没有完成好，似乎把责任都卸到了我的身上，所以一直吃着被弃用的冤枉“官司”。尽管如此，我心中始终不服：我坚信，走国产化道路，一百年不会错！

为此，1995 年我给徐匡迪市长写了信，详细报告了地铁与二十一所研制 AFC 项目的始末及我的意见和建议。1996 年至 1997 年，又多次写报告、提建议给地铁工程指挥部——我就是一棵压不倒、折不弯的小草，倔强地向人们申诉着自己的观点。最后终于得到领导们的同意（也是外面厂家期望开拓新产品的形势所趋），以 120 万元的价格，把所有科研设备转让给了上海邮电通信设备厂（该厂机械加工能力相当强，又有一定的经济实力——A 股、B 股上市）。目前，该厂在我的建议和联络下，通过丸红公司引进日本信号公司的机芯，已生产制造出可适用磁卡、

IC卡的三杆及门式自动检票机(Gate)，投币式全自动售票机(TVM)和人工窗口售票机（BOM）产品样机，内中的应用、控制软件都是该厂工技人员自己编制的。我相信，到今年十月左右，会完成车站系统，以后希望能在现有的线路或将要修建的线路上试一试（该厂曾与北京、天津、广州、南京、深圳做过接触）。

在这里，我恳请两位老总能在百忙当中对此项目继续给予指导和关心。如有可能，希望安排时间到该厂考察了解一下，以便于一起推动中国自动售检票制造事业的发展和推广。

将自己牵头开发的轨道交通AFC系统设备转让给上海邮通之后，陈凤敏并没有当撒手掌柜，仍然继续关注着AFC系统设备的进展，并为之出谋划策。1997年农历春节前夕，陈凤敏再次给石礼安指挥去信，除了汇报轨道交通AFC系统设备转让给上海邮通的相关情况外，还提议尽早去美国Cubic公司进行设计联络，为后续的设备安装提早做功课：

今向您报告以下三个情况：

1. 关于与上海邮电通信设备股份有限公司（即510厂）的合作协议书，遵照您的指示，经过修改后，已于1月16日由朱沪生副总经理签订。

《协议书》主要修改了：（1）明确是“有偿转让”；（2）确定利益分配原则：“邮通公司在试制中，除去成本费外，经地铁方确认后，其销售所得利润，按15%提取，其余归地铁公司所有”；（3）划去形容原地铁设备“质量尚不完善”和“起死回生”等欠妥的提法。具体详见所附《协议书》复印件。

2. 为了能与大家一起完成对新的进口售检票设备的设计和对

原来试制的售检票设备进行改造，这样一个双重的任务，希望在条件许可的情况下，能尽早安排去美国 Cubic 公司参加联合设计和考察，了解其售检票设备生产制造的过程，以供借鉴。这也是我有史以来第一次直接向领导提出这样的请求，望能给予考虑。

说来有趣，这里还牵出前面与美国 Cubic 公司谈判的一段故事。

尽管抛出英制公制问题的陈凤敏被谈判组逐步排除出与美国 Cubic 公司的谈判工作，但陈凤敏就是这样的性格，只要认为是对的，一定不会善罢甘休，肯定要指出来才甘心。据陈凤敏讲，她对石礼安指挥其实多多少少是带着一点敬畏之心的，给他的这封信发出去之后，陈凤敏也没怎么在意。突然有一天，公司办公室主任电话跟她说："石总找你！"此时的陈凤敏正忙着编译一本行业小册子，乍一听到这话，还以为石礼安又要把她叫过去训话了，想想自己最近也没犯啥事啊。就这样，带着一半忐忑一半坦然的心情，陈凤敏来到了石礼安的办公室。

出乎陈凤敏的意料，石礼安这回找她说的是前往美国 Cubic 公司设计联络的事情。英制公制的问题，其实一直在石礼安的脑子里转悠，如果不处理好这个问题，花费巨资引进的 AFC 系统设备真有可能成为一堆废铜烂铁。此时上海市地铁公司与美国 Cubic 公司关于 AFC 系统设备引进的谈判已经基本落定，这个时候把陈凤敏找来，石礼安一是希望陈凤敏利用其在技术方面的优势，再全面梳理一遍，查漏补缺，二是希望陈凤敏凭借与 AFC 系统各大厂商尤其是美国 Cubic 公司之间的良好关系，做好未来设备安装的对接工作，确保万无一失。

赴美国 Cubic 公司参加设计联络会的建议，在这次谈话中得到了石礼安的批准。1997 年 10 月，陈凤敏启程赴美，参加在美国 Cubic 公司圣地亚哥总部举行的设计联络会。应该说，这次设计联络会还是相当有价值的。回国后，陈凤敏学以致用，积极参与上海地铁引进美国 Cubic 公司 AFC 系统设备的现场施工，主要负责监督和检查 AFC 系统设备的施工质量，有时甚至带病工作，为上海地铁 AFC 系统设备的安装、试运行做出了自己应有的贡献。（fig.10）

作为国内首个安装轨道交通 AFC 系统的城市，上海在轨道交通 AFC 系统国产化方面进行了大量积极有效的探索和实践，其中不乏一些开创性的工作，如双向闸机、多功能智能化自动售票机、查询机等。

以双向闸机为例，由于核心技术在系统供应商美国 Cubic 公司手里，开发团队短时间内无法完美 Copy，于是退而求其次采用 1+1=2 的理念，即先研发一个进站闸机和一个出站闸机，然后优化组合成为一个双向闸机，再把这个双向闸机和多功能智能化自动售票机以及美国 Cubic 公司的轨道交通 AFC 系统融合起来，形成一个统一的系统。最终在美国 Cubic 公司轨道交通 AFC 系统的自动售票机上，实现了使用纸币购票、找零的功能，

fig.10 参加在美国 *Cubic* 公司举行的设计联络会，于田纳西工厂合影

且一次最多能购买 9 张车票，不仅提高了 AFC 系统本身的性能，也大大方便了乘客使用，这方法实在令人拍案叫绝。

罗马不是一天建成的，系统研发也从来都不是一蹴而就的，尤其是这种自主创新的工作。在一次又一次的技术改造和创新中，上海地铁 AFC 系统团队积累了丰富的技术经验和管理经验，进而不断加深了对轨道交通 AFC 系统的理解，对系统及设备的维修保养水平也得到了历练，水平逐步提升，同时他们对闸机的设计理念也在摸索中不断前行、不断创新，这些都促进了轨道交通 AFC 系统设备的国产化。

事实证明，产品研发必须千锤百炼，臻于至善，方能成功。只要认真地去分析问题，潜心地研究问题，终会有志者事竟成，顺利地解决问题。

AFC 系统国产化的发展

陈凤敏前期研发的轨道交通 AFC 系统设备有偿转让给上海邮通公司还有一个过程。上海邮通公司隶属于中国普天信息产业集团公司旗下，此前主要生产机电产品和通信设备，并未涉足轨道交通 AFC 系统领域。1994 年，上海市地铁公司牵头在万体馆举行国际 AFC 系统设备展的时候，原上海普天公司总经理刘时中和原上海普天 AFC 事业部总经理陆仁元均慕名前往，当时参展的美国 Cubic、法国 CGA（后更名为泰雷兹）、日本信号公司等 AFC 系统领域国际知名厂商对参观者基本上是知无不言、言无不尽。刘时中和陆仁元听了参展公司的介绍，又看了参展设备的演示，觉得很适合当时邮通公司的生产特点，不用费大力气重起炉灶，两人参观回来后不久就拍板决定做轨道交通 AFC 系统设备。

此时上海轨道交通有关部门虽然已决定全面引进国外先进的轨道交通 AFC 系统设备，但国产化的口子一直保留着而且不可能封死，相反，国家一直号召推进轨道交通设备国产化，尽可能避免受制于人。正式的发文是在 1999 年，《国务院办公厅转发国家计委关于城市轨道交通设备国产化实施意见的通知》，通知明确：城市轨道交通项目，无论使用何种建设资金，其全部轨道车辆和机电设备的平均国产化率要确保不低于 70%。轨道交通 AFC 系统设备作为城市轨道交通建设的重要一环，国产化肯定也是势在必行的。

虽然由于时间紧张和一些客观上的原因，陈凤敏主导的轨道交通 AFC 系统国产化设备因中试暂停而搁置，但上海市地铁公司两条腿走路，一面引进国外先进技术设备，一面继续开展国产化工作。综合多方面因素考虑，上海市地铁公司最终选择了与邮通公司合作，陈凤敏是此次合作的主要联络人之一，为了这件事，她考察了多家单位，考虑了多方面因素。1997 年 1 月 16 日，上海市地铁公司与上海邮通公司签订协议书，陈凤敏亲手将自己研发多年的心血转交给邮通公司，希望这个尚在孕育的产品最终能够茁壮成长并发扬光大，早日实现轨道交通 AFC 系统设备国产化的目标。

从此之后，陈凤敏一边参与引进美国 Cubic 公司轨道交通 AFC 系统设备的谈判（虽然到后期实际上她的角色并不多），一边忙着总结自己十年投身轨道交通 AFC 系统事业的工作，还一边参与邮通公司等国内厂商研发轨道交通 AFC 系统设备的工作。轨道交通 AFC 系统设备对磁卡和机电的稳定性要求非常高，这也是此前研发未能更进一步的原因之一，恰好上海邮通公司有这方面的生产基础，加上陈凤敏的积极参与和牵线搭桥，上海邮通公司通过加强与日本信号公司的交流合作，同时研究学习美国 Cubic 公司的技术方案，轨道交通 AFC 系统设备逐步从无到有地发展起来了。

在陈凤敏的关注和指导下，上海邮通公司一边合作发展开拓市场，一边自主创新做自己的品牌。2000 年前后，上海邮通公司中标了大连快轨 3 号线 AFC 系统工程，这也是国内首条开通的全部采用卡型非接触式 IC 卡车票的自动售检票系统。系统采用薄卡型单程票、M1 卡 /CPU 卡、储值票三种形式，并与大连城市“一卡通”系统兼容，系统设有 1 个中央控制中心（CC）、11 个车站计算机网络系统，车站设有检票机、人工售票机、全自动售票机、初始化编码机、车票验票机等。自 2003 年开通以来，大连快轨 3 号线客流量突破日平均客流 10 万人次，AFC 系统稳定可靠，清分数据准确，充分证明了轨道交通 AFC 系统国产化设备的可靠。

随后，上海邮通公司又先后中标了上海、北京等地轨道交通 AFC 系统设备项目。从 2001 年至今，上海邮通公司共向上海地铁提供单向、双向检票机 130 余台，在上海火车站、人民广场等客流量最大处安装使用，深受认可。2004 年 7 月，上海邮通公司成为地铁上海南站车站 AFC 系统工程的设备供应商，只花了短短 1 个多月时间即完成了从设计到设备验收出厂，而且还保证了新的 AFC 系统设备无缝接入原有的上海地铁 1、2 号线系统中，尤其是公司自行设计研发的纸币全自动售票机，在初次投入使用后即满足使用功能要求，再次获得一片赞许。这些也都从侧面证明了陈凤敏当年主持轨道交通 AFC 系统设备研发的正确性。

上海邮通公司的成功打开了轨道交通 AFC 系统国产化设备的局面，特别是直接拉低了国外企业垄断行业市场的价格。原本上海地铁 1、2 号线 26 个车站实施 AFC 系统设备预计要 2800 万美元，十几年后，国产化进程初显成效，一条地铁全部车站的 AFC 设备总价甚至降到 1 亿人民币左右。对国家来说，这应该就是国产化和自主创新的实在意义吧。

在推进轨道交通 AFC 系统设备国产化的道路上，陈凤敏除了积极参与相关厂商的研发指导工作外，还利用其参与评标或者顾问的机会，在合法合规合情合理的前提下，尽可能地给国内厂商以机会。例如：奥运前夕的北京地铁 5 号线 AFC 系统项目，北大方正与欧姆龙公司联合中标；苏州地铁第一条线路的 AFC 系统项目，上海华虹成功中标；南京地铁第一条线路的 AFC 系统项目，最后中标的是南京熊猫和法国泰雷兹；重庆地铁第一条线路的 AFC 系统项目，让深圳现代第一次杀到深圳以外市场，拿下这个项目。

陈凤敏还是轨道交通 AFC 行业的半个领路人。如今已是国内轨道交通 AFC 行业大佬的上海华铭智能终端设备股份有限公司，在很早之前也与这个行业完全不搭界。公司老总张金春一次无意间的机会看到陈凤敏研发轨道交通 AFC 系统设备接受上海电视台采访的节目，便有了兴趣，在一次交流中直接跟陈凤敏说："AFC 没有人做，我来做！"自此，在陈凤敏和广州、南京等地同行业主的指导下，上海华铭公司也逐渐跻身于轨道交通 AFC 行业圈，并为我国轨道交通 AFC 系统设备国产化做出了巨大贡献。

上海华虹公司的成长也很有传奇色彩。上海地铁 1、2 号线 AFC 系统设备采用美国 Cubic 公司的产品后，由于设备全部进口存在造价昂贵、运营成本高、关键技术保密的缺陷，一旦涉及维护和升级，需要从大洋彼岸远程调人，无形中又增加了时间和费用成本，上海地铁 3 号线 AFC 系统设备项目招标时，便明确了国外供应商提供国产化方案。最终，此前并未有过相关项目经验的上海华虹公司硬是凭借自己的努力，与上海市地铁公司合作，把安装在上海地铁 3 号线（当时叫明珠线）的西班牙 INDRA 公司 AFC 设备进行了全面的改造，在项目实施中逐步实现应用软件本地化和维修零部件的国产化。后续上海华虹公司又直接参与了上海 1 号线北延线等多条线路的 AFC 系统项目，最大的优势就是价格比美国 Cubic 公司低一大截。上海华虹公司与陈凤敏的联系也比较紧密，其前身上海市计算机技术研究所，所长方君化还是陈凤敏的同济大学校友兼同济大学广播台机务组的伙伴。在陈凤敏的牵线下，上海华虹公司与上海邮通公司达成了合作同盟，共同为轨道交通 AFC 系统国产化发力。

经过几年努力，国内企业已经具备了较强的轨道交通 AFC 系统集成和设备供应能力。2005 年初，上海轨道交通部门结合“一票换乘”方案的实施，进行了上海地铁 1、2、3 号线 AFC 系统标准化改造以及 5 号线 AFC 系统建设的招标。最终，上海复旦微电子公司、上海华虹集成电路公司、上海华铭智能终端设备股份有限公司、上海华腾软件系统有限公司、上海邮电通信设备股份有限公司和上海怡力工程设备有限公司等共同参与，整系统地提供国产化产品。

轨道交通 AFC 系统国产化进程真正迈出了这一具有历史意义的一步，陈凤敏等 AFC 团队的心血没有白费。

AFC工作十年总结:《多模式交通付费卡系统》的出版

前文已提，虽然陈凤敏是上海市地铁公司与美国 Cubic 公司谈判引进轨道交通 AFC 系统的成员之一，但前期由于“莫须有”的原因，她并没有参与谈判；后期由于她的“较真”——抛出英制公制问题，谈判组逐渐不再让她参与谈判。于是，那个从吴淞化工厂回到上海市地铁公司的陈凤敏，那个从接手轨道交通 AFC 系统工作到独立调研的陈凤敏，那个从立项论证到推动研发的陈凤敏，那个从组织中试再到参与谈判的陈凤敏，忙碌了十多年，除了继续参与轨道交通 AFC 系统国产化转让的事情外，突然有种无所事事的感觉。

十多年来，陈凤敏一直活跃在轨道交通 AFC 系统的第一线。如今轨道交通 AFC 系统中试暂停，技术设备不久后又转给了上海邮通，引进美国 Cubic 公司轨道交通 AFC 系统设备的谈判又不让她参与了，陈凤敏突然之间变得有些“清闲”，而这份清闲非她本人所愿。

陈凤敏是个闲不住的人，特别是在轨道交通 AFC 系统这个让她奋斗多年的领域，难以割舍，总觉得应该找点事情做。于是陈凤敏开始梳理轨道交通 AFC 系统资料，这多少有点工作小结的味道。

恰好在与 Cubic 公司谈判期间，陈凤敏偶然从一位多年相交的朋友那里得到一本美国出版的关于交通付费卡的书。她翻看了一遍，又咨询了美国 Cubic 公司的黄庆如先生和熟悉英文的友人，发现里面均是当时业内前沿的知识，非常宝贵。由于该书是英文原版，国内又没有其他相关的著作，陈凤敏觉得很有必要将其普及给轨道交通 AFC 行业群体，用她的话说叫“资源共享”。说到做到，陈凤敏马上行动起来，她联络了其他单位的两个年轻人段忠保、陈灏浚，跟他们一起开展翻译整理工作——前面石礼安找她谈赴美国 Cubic 公司设计联络的事情，当时她正忙着编译的小册子，就是这本。

翻译过程中，上海市地铁公司关心陈凤敏的好友同事还不忘提醒她：“你真傻，别人都把资料藏着，你却把资料拿出来给别人看，还要出书。”对此，陈凤敏十分豁达，她坦言：“我当时的想法非常简单。记得大学毕业后下放劳动时的一句口头语‘社会主义是靠大家建设的，不是靠一个人’。同理，轨道交通 AFC 系统事业光靠我一个人是做不好的，需要所有志同道合者的共同努力，我之所以把资料拿出来给大家分享学习，就是为了能把轨道交通 AFC 系统事业做大做强，最后成功实现国产化。”

抱着这样的初心，陈凤敏和两个年轻人“啃”了快两年时间，终于翻译完成。其间还自己联络出版社，处理与原著者沟通、筹措经费等杂七杂八的事情，最终 1998 年 4 月译稿顺利由上海科学技术出版社出版。这就是我国第一本系统介绍付费卡技术的专著——《多模式交通付费卡系统》[29]，为后来我国轨道交通 AFC 事业的发展撒下了生根发芽的种子。（fig.11）

这本书是根据美国联邦咨询业务公司为美国联邦运输局（FTA）所做的一份调研报告编译的，书不厚，32 开小本，不到 150 页，共 12 万字。全书主要分为 4 个部分，即绪论、乘客和车辆自动付费卡的概念设计、调研结果及建议的总结，以及附录技术资料等内容。该书通过对交通运输管理部门、付费卡和

29. 陈凤敏、段忠宝、陈灏浚《多模式交通付费卡系统》，上海科学技术出版社 1998 年 4 月。

fig.11 《多模式交通付费卡系统》封面

fig.12 与金锋（右二）等北上广地铁主管领导合影

收费系统制造商、付费卡用户（乘客和司机）的调查研究，从技术设备、应用管理、现状和发展趋势以及存在问题等多个方面，详细地分析了美国、欧洲以及中国香港等地区现有及计划采用的磁卡、IC 卡、RFID 射频卡及条形码卡等付费卡方案，也探讨了把多种用途付费卡综合在一起成为一张卡使用的可能性。全书对各种不同模式付费卡系统的研究、设计、应用经过和效果都进行了详实的介绍，信息量巨大，尤其是研究方法和思路，对指导当时我国正在实施、将要实施或需要改善的付费卡系统项目具有相当高的参考价值，更为上海地铁的早期建设者打开了全新的视野。

当时，行业内对交通付费卡技术这块领域研究不多，许多人甚至未曾听闻，这本书出版后，上海市地铁公司内部员工都来找陈凤敏要，甚至医务室的医生也跑来拿书——至于是不是其他人辗转求助于他来拿就不得而知了。国内从事轨道交通的专家学者也来咨询，时任广州市地下铁道筹建处主任的金锋，还专程找到陈凤敏订购了好些册，并表示要“给市建委、市计委的领导同仁们看”，以推动广州地铁 AFC 系统的发展。(fig.12)

这本书在上海邮电书店也有摆售，不过由于书的内容相对专业，选购的人并不多。有次陈凤敏路过某书店随口问了一下，一店员认真地对她说：“如果是小说书，估计早就卖完了。”听了这话，陈凤敏心中感慨：“什么时候自己也能把从事轨道交通 AFC 系统的经历写成一部小说供世人了解呢？”——这成为她后来的一个夙愿，也算是本书的一个缘起。

在书店一遇之后，为了能让周围更多的人了解轨道交通 AFC 系统，了解这个行业一路走来所经历的艰难困苦，让更多的业内人士做好轨道交通 AFC 系统，陈凤敏把自己手中的样书绝大部分都送人了。

在给王振信总工和杨家齐总工的信中，陈凤敏谈到当时出书的情形：

《多模式交通付费卡系统》一书，原名“交通智能卡——多用途远端查询存储款数据付费卡”，是美国交通运输局（FTA）的一份研究结果报告。该研究课题于 1994 年立项，1995 年底完成（历时 12 个月），我是在 1996 年初得到的。当时，与朋友们看了以后，觉得这份资料内容详实，数据丰富，调查面广（从条形码卡、磁卡、IC 卡、RFID 射频卡、光卡到地铁、轻轨、出租车、公交车、高速公路、长途车、停车场等都有提到），对推动、启发和指导我国付费卡系统工程的实施和立项很有参考价值。我则被其中一系列很有成效的探索方法所吸引，因此萌生要把它编译成书出版的念头，试图以此达到“资源共享”，也算对自己从事 AFC 工作十余年的一个总结。

提起此书，我真是感慨良多。《多模式交通付费卡系统》一书可以说是目前我国第一本系统介绍付费卡技术的书，有许多人还未曾认识和听说，再加上我从未涉足书籍出版行业，所以刚一开始，真有点像处在茫茫大海，不知何处是东南、是西北。为了寻找出版机构，为了征得国外作者的版权许可，也不知花了多少时间和精力。但话已出口，总得做下去。

经过一年零十个月的共同努力，在“编译者的话”中所提到的单位和朋友们的支持、帮助下，我们终于把这本书“啃”出来了。

原本按我的愿望，想把这本书印成16开本，字体再大一点，尤其是附录部分，它占全书的五分之四篇幅，且许多都涉及技术要素，但限于财力，只能印成现在这样的32开本小册子，有人戏称我的书是“压缩饼干”。对此，只能请两位总工谅解了。

短短数语，道出了陈凤敏的不容易。这本书可以视为陈凤敏十年轨道交通 AFC 系统工作的小结和见证，而它对整个轨道交通 AFC 行业的影响，也是不可估量的。

第五章
退休：再次出发

我确实有一种“再次出发”的感觉。

——陈凤敏

调入上海地铁监理公司

今天，我尽管已经年近七旬，但依然搏杀于商海之中。因为我知道，结束生命最快捷的方式就是什么也不做。人人都有权利选择把退休当作开始或结束。那种无所事事的态度会使人中毒。我始终将退休视为再次出发，我一天也没停止过奋斗，因为我知道生命的真谛。

这是美国著名财团创始人约翰·戴维森·洛克菲勒退休后写给儿子信中的一段话。

大千世界芸芸众生，不同的人有不同的价值观。有的人工作就是为了挣得一份社保，然后安然享受退休后无所事事的生活，甚至巴不得能提前退休；有的人则把工作当作是一种享受，即使退休之后也闲不下来。不论对与错，陈凤敏显然是后者。“追求永无止境，这正是生命的精彩所在”，这也一直是她的生活状态。

1998 年到 2000 年，上海地铁 1 号线和 2 号线都先后装上了 AFC 系统，而在此前，陈凤敏主持开发的国产化轨道交通 AFC

系统设备也已转让给邮通公司。岁月流转，陈凤敏似乎也要适应从“亲历”到“回望”的角色转变了。

生于1940年12月1日的她，在60岁生日这天，也就是2000年12月1日，在上海地铁票务公司办理退休手续。当时上海票务公司总经理邵伟中（现任上海申通地铁集团副总裁）为她举行了隆重的欢送仪式。会后，公司还买了大衣和鞋物送给陈凤敏留念，陈凤敏则回赠公司《多模式交通付费卡系统》一书以作答谢。（fig.1）

回顾陈凤敏的职业生涯。

1965年7月，大学毕业后分到上海市市政工程局隧道处隧道工程设计院。

1973年“文革”后期，随着国家落实“知识分子”的政策，陈凤敏被安排到上海市市政工程局下属市政工程研究所。

1974年，因通勤原因调到上海吴淞化工厂。

1985年4月，再次回到上海市市政工程局，成为上海市地铁公司的No.14，并从此与轨道交通AFC系统结下了不解之缘。

15年过后，上海已经成为我国内地首个安装轨道交通AFC

fig.1-1　2000年12月1日地铁票务公司举行了隆重的欢送退休仪式

fig.1-2　图中左侧起身者为时任地铁票务公司总经理，现任申通地铁集团副总裁邵伟中

系统的城市，作为其中的核心一员，陈凤敏的心血没有白费，尽管轨道交通 AFC 系统国产化道路历经挫折。

如今，到了退休！

退休以后做什么？陈凤敏说自己压根儿没想过，想想这也符合她一贯的秉性，油门还在踩着呢，浑不知已经到了刹车的年龄。

“那时我还沉浸在热闹的欢送会场景中——现在想想有点后知后觉。直到有一天，邵总（邵伟中）找我谈话，说为我考虑，派我到地铁监理公司工作。因为监理公司待遇要比运营公司相对好一点，而且已经做了相关安排。对此，我没作太多的推敲。我这个人就是这样，有些事，会很敏感；有些事，则表现得很木讷。调去监理公司究竟好不好？以后有没有影响？我不知道，也没太多想，觉得先去了再说，反正都是工作嘛！”

就这样，2000 年，世纪之交，陈凤敏调入了上海地铁监理公司，正式的入职时间是在 2001 年 5 月。如今回想起来，陈凤敏在对当初走这条路感到大有收获之余，也颇有丝遗憾。

先说遗憾。从上海申通地铁到上海地铁监理公司，虽然名字都挂着上海地铁，却是不同的体系，在某种意义上割裂了陈凤敏与申通地铁的那一段渊源。“目前上海申通地铁公司拥有员工近 3 万人，却跟自己好像没什么关系了。”想起当年初到上海市地铁公司的编号 No.14，陈凤敏有时也多多少少会产生一种元老身份“被剥夺”的感觉。对于像她这样第一批进入上海市地铁公司的人来说，这种情怀永远是最难忘的。

当然这只是情感上的一种遗憾，陈凤敏更多的还是收获！

调入上海地铁监理公司至今已是 18 年有余。这 18 年多来，陈凤敏并没有离开轨道交通 AFC 系统的圈子，相反，她编书、做监理、制订标准，应邀去各地评标评审、组团出国考察访问，发起和主持行业研讨会、两岸四地行业交流会、AFC 企业联谊会等，还担任了轨道交通 AFC 系统国标管理组组长，仍然奋战在轨道交通 AFC 系统的一线，可谓忙得不亦乐乎。

用她自己的话来说：“我确实有一种‘再次出发’的感觉。”

AFC 系统全面总结：《自动收付费卡系统》面世

先说编书。

早在退休之前，陈凤敏就已经开始琢磨总结一下轨道交通 AFC 系统了。对她这样的人来说，没有闲下来的说法，人生的油门还继续踩着呢。于是，在上海市地铁公司与美国 Cubic 公司谈判的间歇期，陈凤敏启动并最终完成了《多模式交通付费卡系统》的编译出版。虽然这本书价值很高，出版后送的送、卖的卖，很快就被一抢而空，但从根本上来说还是在转述别人的成果。

到退休前一年，时任地铁总公司党委书记的朱沪生在一次与陈凤敏谈话中，有意无意之间说了一句：“快退休了，留点什么东西给年轻人啊？”

这一句话，顿时让陈凤敏陷入了沉思。

一来自己在轨道交通 AFC 行业摸爬滚打那么多年，是国内率先涉足这一领域的一批人之一，确实也很想留下点足迹，不为别的，就为总结过往、激励来者也应该做点什么。再者，轨道交通 AFC 行业属于新兴领域，关注的人凤毛麟角，以往的同仁还有转岗现象，如当初在轨道交通 AFC 系统设备研发时，上海铁道学院信号专业毕业的居理与陈凤敏一起参加样机研发，现在已升任上海地铁通号分公司的总工程师，只能抽时间参与和关注 AFC 国标编制工作；另一位与陈凤敏参加轨道交通 AFC 系统设备中试的上海机械学院毕业的向群，则已离开这个行当。陈凤敏一想到这些，就深刻感受到轨道交通 AFC 行业迫切需要更多的年轻人参与进来，为我国这个领域彻底实现国产化贡献力量。

简单说来，四个字，希望“后继有人”！（fig.2）

那时候，随着改革开放的日益深入，公共交通尤其是轨道交通事业迅速发展，高速公路、地铁等交通设施日渐增多，在“金卡工程”实施中，采用磁卡和IC卡，包括条码卡等收费的方法在一些城市和省区的交通部门已经逐渐开始实施或进行着积极的筹划。

（引自《自动收付费卡系统》前言）

fig.2 与爱徒居理、向群的合影

思考再三，陈凤敏觉得如果能编一本轨道交通 AFC 领域的培训教材，既是顺应了时代发展的需要，还能供大家启蒙给大家参考，无疑是最好不过的了。她的这个想法，得到了当时朱沪生、邵伟中等领导的支持，他们后来也分别成为编委会中的一员。

有了方向，陈凤敏就开始动手实施了起来，此时还是 2000 年之初，她还没有退休。陈凤敏根据自己多年工作经历，梳理了编书的大概思路，凭借以往工作中与行业相关人士形成的深厚友谊，很快就与上海隧道设计院、美国 Cubic 公司、法国泰雷兹公司以及河北保定乐凯公司建立了联系，加上上海市地铁公司，决定共同组成编写组，陈凤敏是总牵头人也是主编，并确定了以自动收付费卡及 AFC 系统设备为主线的具体方向。

编书其实非常费力，尤其是这本书专业性非常强，不仅需要搜集大量的资料，还要进行系统深入的理解、提炼和概括，陈凤敏又是一个极度认真的人，还要加入个人多年行业经验的总结和思考。这么一来，书的篇幅就大了。

当时陈凤敏因脚趾粉碎性骨折在家休养，本来按照医嘱需要静养，但她把这段时间当作是编书的大好时光，每天一条腿跷在凳子上，又是搜集资料，又是写啊改啊。早上起来洗漱完毕就开始工作，一直忙到晚上，经常夜幕降临也顾不上开灯，直到小孩放学、家人下班，自己的肚子也咕咕叫了起来，才想起来要做饭了，确实达到了废寝忘食的地步。

好在陈凤敏组织的编写组成员都尽职尽责。大家各司其职，上海隧道公司的老同事也参与了进来，其他编写人员还有邓先平、王步云、艾文伟、石慧麟、陈攸祥、张锁柱、郝应赐、居理、徐春、徐立国等人，上海市地铁总公司党委办公室副主任廖世民是责任编辑，协助她做相关工作。

饶是如此，众人还是花费了整整十个月时间，最终于 2000 年 10 月完成了这本轨道交通 AFC 系统领域的专著，命名为《自动收付费卡系统》，全书共计 43 万多字。

既然是编书，《自动收付费卡系统》引用资料极其广泛，不仅包括国外，如美国、日本、法国、英国、韩国、澳大利亚、新加坡、荷兰、挪威等，还涵盖了国内包括上海、北京、广州、深圳、香港、台湾等地，基本上把当时能收集到的资料都过了一遍。编者毅力如此大，书的信息量自然也非常大。

全书共分为三编：卡、自动收付费卡（AFC）系统、“一卡通”系统。

在“第一编 卡”这部分中，又分为预付卡、预付卡系统的构成及特征、预付卡的应用要点与实例、乘客及车辆自动付费卡概念设计、自动收付费卡技术概要、对收付费卡的要求、相关的应用项目。这部分主要对各种卡进行了描述介绍。

“第二编 自动收付费卡（AFC）系统”中，介绍了建立自动收付费卡（AFC）系统的必要性和可能性、自动收付费卡（AFC）系统的构成、自动收付费卡（AFC）系统设计、AFC 系统工程设计中车站设备量及用电量计算、地铁车站（站厅、站台）乘客行程轨迹分析研究项目在车站 AFC 设备布置中的作用、AFC 系统工程施工安装等内容。这部分内容不仅包含 AFC 系统的各种理论知识，还结合上海地铁实施 AFC 系统的前前后后以及陈凤敏自己的一些心得体会，对 AFC 系统研发、安装、实施、应用等各种场景进行了分析和介绍，可谓全书的精华。

“第三编 ‘一卡通’系统”相对来说比较简略，主要分为三个章节，即与实施“一卡通”系统有关的几种自动收付费卡系统的概念及优缺点、对建立“一卡通”系统有影响的 11 个外部因素、建立“一卡通”系统的有关方案与建议。

2000 年底，书稿通过公司培训中心主任陈明兔（原总公司外办主任）递到了党委朱沪生书记手里。朱沪生没想到当初一句随口而出的话让认真的陈凤敏认了真，居然真就搞出了一个“留给年轻人的成果”来了。他热情地为这本书写了前言，说明了这本书的缘起和宗旨，并特批了一笔费用资助出版。时任上海地铁票务公司总经理邵伟中通过上海地铁广告公司经理叶华平，专门请了设计公司盛文钢设计了书的封面。最终，在上海市地铁公司相关领导的支持下，在以陈凤敏为核心的编委会成员的努力下，这本轨道交通 AFC 行业的专著终于在 2001 年 9 月以上海地铁运营有限公司名义出版了。（fig.3）

在朱沪生的这篇前言里，我们也从侧面看到了陈凤敏的初心。

实践告诉我们，自动收付费卡（AFC）系统是一个综合性要求相当高的专业。正如《多模式交通付费卡系统》一书在附录“外部因素”中所指出的有“11 个类别的外部因素”会对交通收费使用的多模式付费卡系统产生影响。它们是：政策问题、财务报告程序、标准、规章制度、法律问题、实施和发展问题、技术问题、环境上的考虑、安全性的考虑、外部接口、保密性问题。由此，对从事这一专业工作的人士，要求其知识的全面性和综合协调的能力也相对高一些。特别是对处于高层的领导或技术主管，唯有熟悉、理解，并娴熟掌握这“11 个因素”，而不是仅以了解部分与自动收付费卡（AFC）有关的知识（如计算机知

fig.3 《自动收付费卡系统》封面

识、票卡知识、电气及机械传动、运营管理知识等）来涵盖AFC的一切工作，这样，我们的工作就会做得更好，我国的AFC事业也会更顺利、蓬勃、成熟地发展。

《自动收付费卡系统》一书通过介绍国内外多种不同（预）付费卡和付费卡系统的开发研究、设计、施工及其在具体工程项目上实施应用的结果，包括所引用的大量信息，以及研究方法和思路等，目的在于一方面可为我国正在实施（或将要实施）或需要改善的（预）付费卡系统项目提供参考借鉴，另一方面希望为培养和营造我国从事自动付费卡（AFC）系统的中、高级管理人材做一个基础铺垫。

（预）付费卡是贯穿整个自动收付费卡（AFC）系统的重要媒体，它的规格设计与性能高低，会决定性地对系统产生影响。所以，该书首先以大量的篇幅阐述有关卡的一系列技术特征和设计、制作以及质量、成本等。其次，介绍自动收付费卡（AFC）系统。它包括：系统设计（含系统构成、系统功能、系统设计要领）；系统施工、安装、验收。最后，介绍有关"一卡通"的可行性研究；国外有关国家和地区在众多交通运输线路上应用自动收付费卡（AFC）系统的工程实例等。

我们常说，做开创性的工作总比做重复性的工作难。《自动收付费卡系统》这本书的出版，是陈凤敏个人轨道交通AFC从业经历的一个全面总结，更是国内轨道交通AFC知识的全面总结。这是一个开篇，后面可以预见并成为现实的是国内轨道交通AFC产业的百花齐放。

从“陈工”到“陈老师”

度过跨世纪的 2000 年，随着对外开放政策逐步落实，个人出国也变得相对方便了许多。刚刚退休的陈凤敏，在那之后短短一年多时间内，先后前往新加坡、马来西亚、韩国、美国、法国等国考察、交流、学习。比起 1988 年研发轨道交通 AFC 系统样机出国需过层层审批时的情形相比，此时的来去自由，让陈凤敏有一种放松的感觉——出国学习不再是“蜀道难”了。

2001 年 3 月，陈凤敏应邀来到新加坡，考察新加坡刚刚开通运营的单轨交通（MRT）系统，并参观了位于马来西亚的跨座式胶轮单轨车辆。（fig.4，fig.5）

2001 年 12 月，陈凤敏应邀到访韩国，参观了首尔（当时还叫汉城）的地铁系统和三星公司的轨道交通 AFC 系统设备及其研发工厂。（fig.6）

2002 年四五月间，陈凤敏受聘为南京地铁公司 AFC 系统专业顾问，并在随后加入了由时任南京市副市长戴永宁带队的出国

fig.4 参观新加坡新开通的单轨交通系统中央控制室

fig.5 参观马来西亚跨座式胶轮单轨车辆

fig.6 参观三星公司 AFC 设备研发基地

考察团，一同前往参观了美国 Cubic 公司位于圣地亚哥的总部，还有法国泰雷兹公司总部及其轨道交通 AFC 系统设备调试现场。

南京地铁公司考察团出访前预备会间，戴永宁副市长真诚地对陈凤敏说：“我们是把您当老师的！”一句话，让陈凤敏既感受到了南京市方面的信任，也给她自己带来了一种额外的压力和动力。她深深感到自己肩负的重任，一路上与同行的王健等南京地铁同仁交流，尽可能地分享自己在轨道交通 AFC 系统设计和设备研制工作中的心得和体会。（fig.7，fig.8）

这次出国考察回来后，陈凤敏不辞辛劳，与南京地铁公司的 AFC 系统专业人员一起，参与了由南京地铁公司立项的“单程票选型”课题研究。在南京熊猫和法国泰雷兹双方合资公司中标了南京地铁 1 号线 AFC 系统项目后，陈凤敏尽己所能，为项目的执行做了大量的咨询工作，有力地推动了项目的顺利开展。

在此前几十年的工作中，无论是与单位同事们的相处，还是与外部交际交涉的场合，陈凤敏和其他技术人员一样，都被唤以“陈工”这样的称谓。随南京地铁公司考察团出访回国之后，“陈工”的称呼不知不觉之间慢慢变成了“陈老师”，直到今

fig.7 南京考察团在美国 *Cubic* 公司的合影，右二为王健

fig.8 南京考察团在法国泰雷兹公司的合影，左二为王健

天轨道交通 AFC 行业同仁都这么叫她，成为了一种常态。

“师者，传道授业解惑也”，在陈凤敏几十年的工作生涯中，“陈老师”这个称谓是当之无愧的。

那次一起随团出访的王健，是当时南京地铁公司的 AFC 系统专业主管，凭借其聪明才智和认真努力，如今已是处级干部、研究员级高级工程师。近 20 年来，他与陈凤敏之间的沟通交流

从未间断，每次都尊称陈凤敏为“陈老师”。（fig.9）

上海地铁公司（现申通地铁公司）的居理，从陈凤敏组织上海地铁 AFC 系统样机研发开始，到 AFC 系统设备引进、施工、安装调试、开通试用，到陈凤敏退休，到后来陈凤敏立项编制轨道交通 AFC 系统国家标准和“实施指南”，十几年来一次、两次、三次……居理始终“不离不弃”，倾力相助。甚至在其自身工作岗位发生变动之后，仍竭力抽出自己宝贵的业余时间，协助陈凤敏完成诸如轨道交通 AFC 系统国家标准等宏愿。（fig.10）

当然还有很多其他年轻人，他们与陈凤敏的关系，既是同行，也似师生，有时候更是母子（女）。陈凤敏对他们，也是真诚相待，倾囊以授。相互之间，这种亦师亦友的关系一直延续着，在后来的标准编制、AFC 论坛、项目评审等事务中，为了轨道交通 AFC 行业的发展，共同努力。

fig.9-1 王健与陈凤敏促膝谈心

fig.9-2 王健在生活上对陈凤敏一直细心关照

fig.10 陈凤敏首次公派赴日本考察，居理每日下班后到她入住酒店看望

监理，从山城重庆地铁项目开始

2001 年，上海地铁监理公司经过招投标流程，拿到了重庆轨道交通 2 号线较新线（较场口—新山村）一期工程的机电工程（含车辆、供电、通信、信号、FAS\BAS 及 AFC 等专业）监理项目。作为上海地铁监理公司的 AFC 行业专家，2001 年 9 月，陈凤敏被公司安排担任该监理项目 AFC 系统专业总监，派往重庆，此后断断续续加起来，陈凤敏在重庆待了将近一年的时间。（fig.11）

说到重庆，一般人都会在它前面加两个字“山城”。作为我国第四个直辖市、西部大开发的重要战略支点，重庆一度也是我国人口最多的城市。重庆很早就提出了修建轨道交通的理念，1983 年《重庆市城市总体规划（1982—2000 年）》正式提出建设“地下铁道”，此后 1991 年《重庆市综合交通规划（1990—

fig.11 在重庆监理施工现场

2005年）》、1998年《重庆市城市总体规划（1996—2020年）》进一步完善了重庆地铁的规划。1997年，重庆正式成为直辖市之后，修建地铁的进程逐步加快。2000年12月26日，经国务院批准，重庆轨道交通2号线一期工程较场口至动物园段全面开工，该工程被列入国家西部大开发十大重点工程，它也是我国第一条单轨胶轮的轻轨系统。陈凤敏他们公司负责监理的就是这个项目。

按照惯例，监理公司只负责项目的监理事务即可，但陈凤敏本着对轨道交通AFC行业健康发展的原则，加上这也是她退休后的第一个轨道交通AFC监理项目，因此对重庆轨道交通较新线AFC系统的实施极为用心。

首先是在对内方面，陈凤敏主动向公司项目部成员科普轨道交通AFC系统的专业知识。在接触该项目监理任务之前，上海地铁监理公司项目部里基本没人见过单轨，陈凤敏拿出之前收藏的日本单轨系统录像资料给大家播放，以供大家了解和熟悉，为项目部如期开展工作打下了一个良好的基础。

其次是在对外方面，陈凤敏对重庆地铁建设也倾注了心血，毫无保留地分享自己收集的轨道交通AFC系统资料。说到这里，不得不说到一个人，他就是重庆轨道交通引路人和技术带头人、重庆市轨道交通（集团）有限公司原董事长仲建华。陈凤敏到重庆时，仲建华是重庆市轨道交通公司的副总经理兼总工程师。

提起往事，仲建华对陈凤敏颇为敬佩："这都是15年前的事情了。作为技术人员，陈（凤敏）老师给我的印象非常深刻。"当时轨道交通AFC系统在国内刚刚推出，重庆地铁当然也想做好AFC系统，尤其这条线还是重庆第一条轨道交通线路，但那时国家批准的项目还有一个要求，就是控制投资。在现实面前，仲建华只能选择退而求其次，打算在某些方面降低一点标准。于是在项目初步设计时，仲建华计划在自动扶梯、屏蔽门、AFC 系统等项目上降低标准，采用人工售检票，当时很多所谓的专家也都建议说降低标准。

陈凤敏一看好像不太对劲，便主动过来找到了仲建华，力陈轨道交通 AFC 系统在整个机电设备系统里非常重要非常关键的作用，即不仅有利于提升整条线路装备的技术水平，还能够反映整个系统的技术水平，对更好地服务市民也是可以预见的。陈凤敏还反向论证，重庆如此体量的城市，特别是刚升为直辖市，未来轨道交通的客流量不可小视，如果 AFC 系统的标准降低甚至退而求其次采用人工售检票，服务水平将受到很大影响不说，未来该补做的功课一样也不会落下。

仲建华听出陈凤敏的来意了，那就是：轨道交通 AFC 系统的投资坚决不能省！不但不能省，功能还必须要齐备，技术水准还要做到更高，同时还要进一步提高服务水平。“听君一席话，胜读十年书。”之前还想在 AFC 系统控制投资的仲建华本来也在权衡之间，听了陈凤敏一番话之后，最终采纳了她的意见。重庆轨道交通 2 号线 AFC 系统就这么开始实施了，这也奠定了后来重庆地铁 AFC 系统一流水平的基础。

重庆地铁第一条线路安装了 AFC 系统之后，马上又有延伸段工程，其他几条地铁线路也在紧锣密鼓地准备中。仲建华毕竟是重庆地铁的掌门人，想得也很长远，后面这些线路的 AFC 系统工程怎么做？如何实施？是不是还必须用第一条线路的设备厂商？是不是只能用同一家设备厂商的产品才能够实现互联？这一系列的问题，仲建华越想越觉得应该未雨绸缪，早作打算。这次，他主动找到了陈凤敏。

其实，陈凤敏也一直在思考这个问题。当仲建华抛出一堆疑问之后，陈凤敏给他的答案就是两个字：“标准。”编制轨道交通 AFC 系统的行业标准，唯有如此，才能从根本上解决这个线路成网、网不互通的问题。

仲建华一点就通，说这个想法好啊，我支持你。

两个人都是行动派，说完就付诸实施。这边，陈凤敏多方奔走，在一次偶然的机会中找到了向建设部申请轨道交通 AFC 系统标准立项的契机，便努力争取，申请立项，仲建华则同意重庆地铁作为陈凤敏的立项支撑项目，这个事情水到渠成，虽然费了一点周折，最终也比较快地就敲定了——这就是后面要说的决定了中国轨道交通 AFC 行业发展方向的《城市轨道交通自动售检票（AFC）系统工程质量验收规范》。

要说仲建华能成为重庆地铁的掌门人，的确有其过人之处。陈凤敏这边立项，仲建华除了同意重庆地铁作为支撑项目支持她以外，还对陈凤敏提出了一个额外的条件，那就是帮助重庆地铁培养 AFC 系统领域的技术骨干。陈凤敏一听，虽然有点小意外，却也非常高兴。想要轨道交通 AFC 系统领域后继有人是她一直以来的追求，前面编书的初衷很大一部分也在于此。陈凤敏当即痛快地答应了仲建华的这个条件，并让他尽快推荐相关人选。

推荐人选很容易，仲建华很快就叫来他在重庆地铁的两个同事，一个是部门负责人范金富，一个是普通工程师彭勤勤，让他们跟着陈凤敏“修炼”轨道交通 AFC 系统的相关门道。如今近 20 年过去了，范金富已经成为重庆地铁集团公司的副总经理，又当上了总工程师，接了仲建华的班，可谓重庆地铁的中坚力量。而彭勤勤也已成长为重庆地铁集团公司的一名中层干部，现任重庆地铁集团公司下属子公司总经理，很多都曾受教于她，是她的学生。从这个角度上来看，陈凤敏也算是为重庆地铁培养了一批从事轨道交通 AFC 系统专业的技术骨干，她“后继有人”的夙愿率先在重庆实现了。而关于轨道交通 AFC 行业标准，也成为陈凤敏退休后值得大书一笔的成就。（fig.12）

fig.12 与重庆彭勤勤及乐梅总合影

时至今日，陈凤敏都非常怀念在重庆地铁的那段岁月。重庆地铁业内人士，无论是地铁集团公司的相关领导，还是从事轨道交通事业的同行，以及在重庆项目交流座谈中碰到的其他同仁，都非常真挚、热情、勤奋好学，这些给陈凤敏留下了深刻的印象。人之相交，贵在交心。“我所收集的 AFC 资料，包括新加坡地铁建设史、美国 Cubic 公司 AFC、法国 CGA 公司 AFC、札幌（日本信号）AFC、日本高见泽公司 AFC、印度（法国达索公司）AFC 以及上海地铁 AFC 研制等录影录像都毫无保留地给重庆同行学习，直到目前为止这些资料不是所有人都能看到的，因为在我心里，已经将重庆的工作视为自己的工作。”（fig.13）

fig.13 在重庆给相关企业讲课

第六章
标准：为 AFC 系统“建章立制”

轨道交通 AFC 系统需要有自己的一套专业验收规范和标准。

——陈凤敏

AFC 系统工程质量验收规范

重庆不仅是陈凤敏退休后第一个轨道交通 AFC 系统监理项目的所在地，这片神奇的土地，对陈凤敏来说，还意味着更多。关于轨道交通 AFC 行业标准这件事，其实也是实践出真知的结果，发生地就在重庆，不仅离不开与重庆地铁前掌门人仲建华的思想交流与碰撞，更得到了仲建华的大力支持。

监理项目实施近两年后，重庆地铁较新线进入安装验收阶段。由于轨道交通 AFC 系统是一个新兴的领域，当时国内根本没有关于它的任何规范和标准，那么又以什么要求来验收呢？

前面说到在仲建华找到陈凤敏探讨“标准”之前，陈凤敏就已经开始在琢磨验收标准的事情了，并探索出了一些路子。重庆地铁较新线 AFC 系统工程验收，最终参考和借助的是通信信号、FAS\BAS 等弱电专业的规范和标准，虽然这些对轨道交通 AFC 系统工程质量验收有一定影响，但总聊胜于无。项目结束后，“轨道交通 AFC 系统需要有自己的一套专业验收规范和标准”，这个理念逐渐在陈凤敏脑海里扎根。

毫无疑问陈凤敏是具有很强的前瞻性眼光的。从小处来讲，编制行业标准有利于同行业产品的通用互换，进而规范行业秩序，提高经济效益；从大面来讲，标准更是构成国家核心竞争力的基本要素之一。“长期以来，标准作为国际交往的技术语言和国际贸易的技术依据，在保障产品质量、提高市场信任度、促进商品流通、维护公平竞争等方面发挥了重要作用。随着经济全球化进程的不断深入，标准在国际竞争中的作用更加凸显——继产品竞争、品牌竞争之后，标准竞争成为一种层次更深、水平更高、影响更大的竞争形式。因此，世界各国越来越重视标准化工作，纷纷将标准化工作提到国家发展战略的高度。”[30] 标准的重要性一目了然，但编制标准却不是简单编写文本内容和技术框架，需要考虑到方方面面。与自主研发轨道交通 AFC 系统设备一样，编制轨道交通 AFC 系统的行业标准同样是一个带有自主创新性质的颇具挑战性的工作，尤其是要形成具有我国自有知识产权的成果更是难上加难，要做的工作很多。

30. 参考《国家标准化发展纲要》。

那时的陈凤敏，在重庆除了轨道交通 AFC 系统专业项目监理之外，还参加过多次由重庆市建委组织的轨道交通 AFC 系统初步设计审查，如重庆轨道交通 3 号线、4 号线、6 号线、10 号线等，使她有机会接触和了解更多的轨道交通 AFC 系统实施环境，这对她摸索轨道交通 AFC 系统自己的一套标准大有裨益。

“我的主要工作是让大家了解 AFC、关注 AFC、理解 AFC 并给予大力支持，特别是保障投资，不压缩预算。”陈凤敏说。在重庆轨道交通线路的初步设计审查会上，一般由通信、信号、FAS\BAS、AFC、综合监控等几个领域的专家组成一个弱电组，陈凤敏也是其中一员。这些审查专家来自全国各地，虽然工作是审查，但平时大家也都互相交流、互相学习、互相支持，建立了深厚的友谊，没想到这也无意间推动了轨道交通 AFC 行业标准的进程。

那是在某次初步设计审查会上，陈凤敏与北京全路通信信号研究设计院总工程师申大川（现为中国城市轨道交通协会专家委员会专家）同在一个弱电组里。在陈凤敏讲述了轨道交通 AFC 行业面临的一个最大问题是没有自身的一套验收规范和标准之后，申大川当即建议她去北京，找相关部门探讨运作的可行性，并表示愿意介绍有关标准化方面的人士为她答疑解惑。（fig.1）

陈凤敏一听此言，大喜过望。为了争取轨道交通 AFC 系统验收规范和标准早日确立，陈凤敏随即向上海地铁监理公司提出申请返回上海，开始运作行业标准相关事宜。公司领导也非常重视陈凤敏的意见，很支持她的想法，很快就同意了她暂时离开重庆的申请，还临时从上海地铁运营公司借调了一名技师（金琦师傅）前往重庆接替她的工作。（fig.2）

fig.1 与申大川（右一）、廖启文合影

2003 年，陈凤敏来到北京。她在申大川的陪同下，拜访了建设部地铁与轻轨研究中心秦国栋副主任（现任中国城市轨道交通协会副秘书长），受到了秦国栋的热情接待。陈凤敏认真陈述了轨道交通 AFC 系统国标立

fig.2 与金琦合影

fig.3 与梁锋（右一）在国标讨论会上

项编制的必要性和重要性，秦国栋听来觉得比较专业，马上又请建设部标准司规范处的梁锋（后升任规范处副处长，目前是已退休的建设部副部长仇保兴秘书）过来。梁锋仔细听了陈凤敏的介绍，基本清楚了她的想法，随即向她介绍了大概的操作思路，并提供了一份“中国建筑西南设计研究院的《轻型木桁架技术规范》国家标准申请表”给她做范本。（fig.3）

此趟来北京不虚此行。时至今日，陈凤敏仍十分感叹，是一些不经意间的机缘和那些善良的领导、专家、朋友，让她在轨道交通 AFC 行业里有所耕耘有所收获。2004 年春夏之交，在梁锋的指导和帮助下，加上前面说到的仲建华答应以重庆地铁项目为陈凤敏做支撑，《城市轨道交通自动售检票（AFC）系统工程质量验收规范》成功在建设部批准立项。

多年后，陈凤敏才偶然间得知梁锋也是温州乐清人，无数个巧合凝结起来的就是一种冥冥之中的天意。“为了感谢秦国栋主任和梁锋同志的悉心帮助，也为了让他们对轨道交通 AFC 行业有更多的了解，《多模式交通付费卡系统》一书出版后，我还专程送给他们一人一本以示谢意。”

AFC 论坛之缘起

轨道交通 AFC 系统标准项目立项后，上海地铁监理公司是主编单位，陈凤敏是其中的主要组织者。为了早日做好这个项目，陈凤敏携公司专业技术力量，会同中国铁路通信信号上海工程公司、上海电信测试中心、南京地下铁道有限责任公司、上海申通地铁集团有限公司、重庆捷顺轨道交通技术有限公司、大连现代轨道交通有限公司等行业专职人员，刻苦攻关，并于 2004 年 7 月在上海召开了第一次工作会议，通过了大纲和任务分工等重要事项。毫无疑问，这又是一项敢为天下先的工作。

编制标准是个需要博采众家之长、集众人之智的活，而最好的办法无疑是通过举办交流会的形式，把行业里的专家召集在一块群策群力。当初引进国外轨道交通 AFC 系统时，陈凤敏曾经提出“请进来”策略，并成功举办了三场轨道交通 AFC 系统设备展示会。这种中小型的行业互动一直是陈凤敏所青睐的，既能在交流中学习，还能在学习中不断进步。正好编制标准这个事情是在重庆缘起，在 7 月的编制组工作会上，大家也都一致同意举办行业交流会，后来蜚声行业内外的轨道交通 AFC 论坛的第一届就在这一背景下举办了。2004 年 10 月 15 日，会议在重庆市东方花苑饭店正式召开，会议全称“《城市轨道交通自动售检票系统工程质量验收规范》（国标）征求意见暨首届城市轨道交通自动售检票系统技术应用研讨会”（简称“AFC 论坛”），正是打着轨道交通 AFC 系统标准规范征求意见的招牌来了。（fig.4，fig.5）

会议召开前，在建设部标准定额司和上海市建设工程标准

fig.4 国际编制组南京调研合影

fig.5 2004 年 10 月在重庆召开国标初步评审会

定额管理总站相关领导的指导下，通过业主、参编单位的认真努力，以陈凤敏为首的编制组已经组织初步完成《规范》的初稿。她在会上发言特别提到了编制标准的事情，并表达了“标准就是法式，标准就是依据”的观点：

我们编制《城市轨道交通自动售检票系统（AFC）工程质量验收规范》就是为了要在轨道交通工程建设、监理以及与运营部门的交接中，建立一个标准、一种法式、一个依据。这份《规范》的完成，不仅填补了国内在城市轨道交通建设方面的空白，也可解决长期困扰在地铁建设、监理和运营之间由于工程验收与交接所带来的矛盾。

犹如建造大楼和宝塔一样，这些建筑是否牢固，基础十分重要——标准也是如此。第一届轨道交通 AFC 论坛邀请了全国各大主要城市轨道交通领域的业主单位，以及轨道交通 AFC 系统承运商、工程设计单位和施工单位，基本上囊括了轨道交通 AFC 领域的从业人员。希望群策群力，当面广泛征求意见，以完善编制的标准。会议是成功的，从更深远的意义上来说，也开启了国内轨道交通 AFC 行业交流探讨平台的新纪元。

在广泛听取行业人士对初编标准的意见和建议后，以陈凤敏为首的标准编制组对标准进行了认真的修改完善。赶在标准送审前，陈凤敏觉得还有必要趁热打铁再征求一下大家的意见，于是在第一届 AFC 论坛结束后不到 8 个月，2005 年 6 月 25 日至 26 日，第二届 AFC 论坛在南京召开，会议全称“《城市轨道交通自动售检票系统工程质量验收规范》（国标）送审稿征求意见会暨第二届城市轨道交通自动售票检系统技术应用研讨会”。（fig.6）

相较于第一届，第二届 AFC 论坛除了继续研讨行业标准规范的编制与完善外，大会特别将主题定为“国际轨道交通 AFC 系统应用情况介绍”，既是满足行业对国际轨道交通 AFC 行业的了解需求，也是希望通过探讨国际轨道交通 AFC 行业的发展情况、发展趋势，取长补短，规划未来。会议特别邀请了国际轨道交通 AFC 领域的运营商、知名企业和专家代表，介绍各自已经成熟应用的轨道交通 AFC 系统，让参会者不用出国即可学习到国际上成熟优秀的经验，这也为标准编制组进一步完善标准提供了丰富的营养。

陈凤敏在会上谈到对轨道交通 AFC 系统的两个感受。

第一个是关于 AFC 系统的重要性。陈凤敏强调 AFC 系统是一个面向公众的系统，关乎城市轨道交通的脸面和形象，不像通

fig.6 2005 年 6 月南京第二届研讨会与部分成员合影

信、信号、供电等系统由工作人员操作，AFC 系统每天都要经受乘客市民的检验，因此 AFC 系统的安全可靠性就显得尤为重要。

第二个，她希望国内轨道交通 AFC 系统企业向当时的联想集团学习，比如做好新产品开发、保障产品质量，比如合理使用技术人员、做到人尽其才，比如做好宣传推广工作、抓住机遇大展拳脚。

可以说，陈凤敏的这两个感受都是从希望轨道交通 AFC 行业健康长远发展的角度出发的，希望行业共同把轨道交通 AFC 事业做大做强做好。

前两届 AFC 论坛都举办得很成功，在国内轨道交通 AFC 系统刚起步的阶段，有这么一个专业的交流学习平台，对行业发展无疑是大有助益的。陈凤敏当初在重庆做监理和设计审查时就经常参加专家组日常交流互动，牵头举行 AFC 论坛的初衷也是想为国内轨道交通 AFC 行业各方面人士搭建一个互相探讨交流的平台，继而通过这个平台，共同把我国轨道交通 AFC 事业做好，以实现接近甚至超过国际水平的目标。可以说，陈凤敏也是希望通过这种方式完成她在开发轨道交通 AFC 系统的未竟事业。真是一日为 AFC 人，终生为之奔走。

有了前两届的基础，AFC 论坛的召开似乎也形成了一个惯性，不仅是以陈凤敏为代表的组织者如此，行业内的人士也都习惯了有这么一个良好的平台。加上历经两年左右时间的努力，《城市轨道交通自动售检票系统工程质量验收规范》终于接近编制完成，无论是从配合新标准的颁布实施角度，还是与时俱进不断积累新知识、准备标准完善工作的角度，都需要行业圈子里的人坐在一起讨论一下。于是，陈凤敏牵头标准编制组又组织召开了第三届城市轨道交通自动售检票系统技术应用研讨会，即第三届 AFC 论坛。2006 年 6 月 16 日，会议在大连市召开。会议为标准编制画了一个圆满的句号，同时还就 AFC 系统在城市轨道交通“网络化运营”下的票务规划与方案的共性问题进行了研讨。从某种程度上，AFC 系统标准编制催生了 AFC 论坛，AFC 论坛则为 AFC 系统标准编制提供了良好的平台，二者相辅相成，直到今天，依然如此。（fig.7）

2006 年 6 月，在经历两年多的反复讨论、考察、调查、修改、补充、完善等一系列工作之后，我国第一本《城市轨道交通自动售检票系统工程质量验收规范》终于完成编制，并于当年 11 月 1 日付诸实施。陈凤敏很是兴奋，她无不自豪地说：“这是我们集体共有的成果。”（fig.8）

AFC 国标组

《城市轨道交通自动售检票系统（AFC）工程质量验收规范》完成编制以后，如何做好日常管理、推动标准规范宣贯和落地，

fig.7 在住建部主持的标准专家审查会后合影：左一，上海市建委标准管理科倪士珠；左二，住建部规范处梁锋；右一，住建部标准研究所雷丽英

fig.8 我国第一本《城市轨道交通自动售检票系统工程质量验收规范》

是一个更重要的课题。否则，再理想化的标准一旦被束之高阁，最终也会成为摆设。

谈到宣贯和落地，必然需要一个组织去推动。之前举行的三届 AFC 论坛，都是以标准编制组的名义组织的，显然这并不是常设机构，不太正规也谈不上什么权威。《工程建设国家标准管理办法》有这么一条，即第三十九条："国家标准发布后，由其管理单位组建国家标准管理组，负责国家标准的日常管理工作。"因此，无论是从必要性和必备性上来说，一个负责标准规范日常管理的机构都是不可或缺的。

万事开头难！陈凤敏一开始也不知道怎么操作，只能多方咨询求教。2004 年《城市轨道交通自动售检票系统工程质量验收规范》立项时，主编部门写的是上海市建委（即上海市建筑建材业市场管理总站）。在上海市建委相关负责人的建议和指导下，最终敲定了一个方案，即由标准规范的主编单位即上海地铁咨询监理科技有限公司牵头成立一个日常管理机构。

2006 年 7 月 5 日，上海地铁咨询监理科技有限公司通过上海市建筑建材业市场管理总站向建设部提出申请，并很快得到了建设部的批准。2006 年 8 月 28 日，建设部标准司正式函复："根据《工程建设国家标准管理办法》的有关规定和你站及主编单位上海地铁咨询监理科技有限公司的具体意见，经研究，同意成立《城市轨道交通自动售检票系统工程质量验收规范》国家标准管理组，组长为陈凤敏，组员为桑义、冯娟、居理、赵晓蓉、徐天伟、庄珍花、左德沅。"2006 年 9 月 8 日，上海市建筑建材业市场管理总站又将这份复函转发到了标准主编单位，即上海地铁咨询监理科技有限公司。（fig.9）

轨道交通 AFC 标准规范的第一个管理组织就这样成立了，

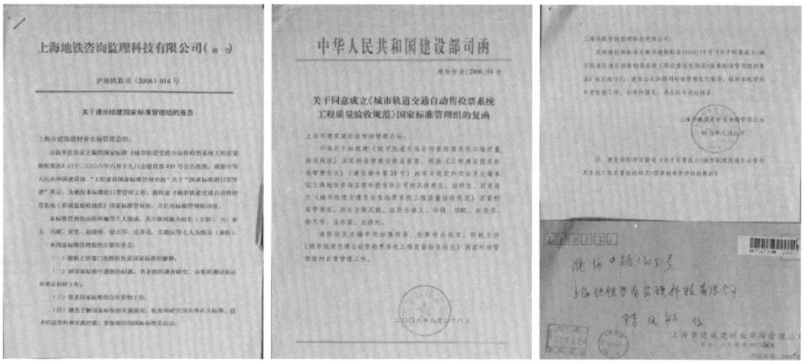
上海地铁咨询监理科技有限公司

关于请示组建国家标准管理组的报告

中华人民共和国建设部司函

关于同意成立《城市轨道交通自动售检票系统工程质量验收规范》国家标准管理组的复函

fig.9 关于组建 AFC 国标管理组的申请报告及建设部复函

尽管这仍然也只是一个国家标准管理组，但相较于之前的标准编制组无疑是一大进步。

《城市轨道交通自动售检票系统工程质量验收规范》国家标准管理组（以下简称“AFC 国标组”）批复成立后，主要任务也很明确，即如《工程建设国家标准管理办法》第四十一条所述，一共七大项任务：

（一）根据主管部门的授权负责国家标准的解释；

（二）对国家标准中遗留的问题，负责调查研究、必要的测试验证和重点科研工作；

（三）负责国家标准的宣传贯彻工作；

（四）调查了解国家标准的实施情况，收集和研究国内外有关标准、技术信息资料和实践经验，参加相应的国际标准化活动；

（五）参与有关工程建设质量事故的调查和咨询；

（六）负责开展标准的研究和学术交流活动；

（七）负责国家标准的复审、局部修订和技术档案工作。

有了目标，有了机构，又有了任务，按道理，陈凤敏就可以带领 AFC 国标组开始推动轨道交通 AFC 系统标准规范宣贯落地了吧。然而即便如此，此前一直搞研发的陈凤敏，一时半会也不知道从何处开始着手。

没有捷径，唯有多问。在建设部梁锋的推荐下，陈凤敏联系上了中国建筑西南设计研究院《轻型木桁架技术规范》国家标准管理组——也就是陈凤敏之前申请轨道交通 AFC 系统标准规范参考的那家单位，找到了对方负责相关工作的杨学兵工程师，希望对方分享好的经验做法。除了多次电话沟通，2007 年，陈凤敏利用一次去成都出差的机会，专程前往《轻型木桁架技术规范》国家标准管理组拜访取经（说川渝大地是我国轨道交通 AFC 系统标准规范的发轫之地一点也不为过）。在这里，陈凤敏学到了很多，《轻型木桁架技术规范》国家标准管理组虽然与 AFC 国标组有点风马牛不相及，但在标准规范宣贯和落地上却还是有很多可以学习借鉴的地方，“他们对国家标准的宣贯，与美国、加拿大、欧洲等国家和地区同行的沟通交流，以及市场化的运作方式，都让我深受启发。”

杨学兵工程师还给陈凤敏展示了经建设部批准刻制的《轻型木桁架技术规范》国标管理组的印章，并附赠一张盖印纸片留作纪念。从成都返回上海后，陈凤敏马上启动相关手续流程，在征得建设部标准司规范处的许可之后，参照《轻型木桁架技术规范》国家标准管理组的样章，到专门刻章的柜台刻了一枚 AFC 国标组的印章。（fig.10）

fig.10　在 AFC 各项活动中发挥重要作用的国标管理组印章（现存标准主编单位上海地铁咨询监理科技有限公司办公室）

AFC 国标组的这枚印章在后来开展国标的各项工作中起到了一定的作用。该章一直保存在主编单位上海地铁咨询监理科技有限公司的办公室。

自古忠孝难两全

从流程上来讲，《城市轨道交通自动售检票系统工程质量验收规范》这个新颁布的标准要进行宣传贯彻，而且 AFC 国标组已经成立了，这项工作也是必须推进的。在此背景下，陈凤敏召集其他组员开了一个碰头会，结合建设部等相关主管单位的意见，决定于 2006 年 10 月底在北京组织召开《城市轨道交通自动售检票系统工程质量验收规范》宣贯会（简称“AFC 国标宣贯会”），参会对象为全国各地轨道交通 AFC 标准规范的参编单位以及轨道交通 AFC 系统设计施工单位。

这距离陈凤敏他们正式拿到建设部复函也仅仅不到两个月，可谓时间紧张。不巧的是，2006 年 9 月，已是 85 岁高龄的陈凤敏母亲缪桂香女士病重住院，这一住就是一个多月（此前在 2002 年 12 月 17 日，陈凤敏父亲病故，享年 88 岁）。陈凤敏一边忙着 AFC 国标宣贯会的组织事宜，一边还要担忧母亲的病情，家里、单位、医院三头跑。

眼见会期临近，陈凤敏母亲的病却并未好转。一边是重病已入弥留之际的慈母，一边是万事俱备只等她去的宣贯会；一边是作为母亲的孩子，一边是作为 AFC 国标组的负责人，陈凤敏进退两难，陷入踌躇。此时，宣贯会的会议通知早已散发各地，相关单位代表陆陆续续都到了北京，陈凤敏是这个会议的发起人和 AFC 国标组的负责人，在标准编制后的第一次重大会议就缺席“放鸽子”，后面的工作还怎么开展？虽然，从情理上来讲，大多数人应该都是能理解的。

此时此刻，陈凤敏的心在经历着无法名状的痛苦煎熬……

前面说到，陈凤敏母亲接受过一定教育，也是一个渴望独立的女性，建国后曾千方百计找工作，一直向往能有自己的一份事业，但前后三次因种种原因而未能成行。从这一点来看，陈凤敏像极了母亲。思虑再三，陈凤敏最终决定先去开会再赶回来，她想以母亲的秉性应该也是理解她的，加上当时弟弟妹妹和孙辈也都陪护在侧。

10 月 23 日，也就是去 AFC 国标宣贯会的前一天，陈凤敏来到母亲病床前告假。她对母亲说："妈妈，我明天要出差去北京，希望你好好养病，等我回来……"离开时，陈凤敏的双眼已噙满泪水。

不成想，这一次告假竟成永别。10 月 23 日夜陈凤敏母亲病情突然加重，至 24 日凌晨因病医治无效去世，享年 85 岁。接到大妹妹语言哽咽的电话声"妈妈这是让你放心去忙自己的事业啊"，陈凤敏心痛不已，但此时她也只能强忍着悲痛，嘱咐弟妹们等她返沪再举行葬礼，转身即扑入到赴京宣贯 AFC 国标的旅途中。此时此地，此情此景，陈凤敏第一次深刻地感受到自古忠孝难两全的锥心泣泪之痛！

2006 年 10 月 27 日，在以陈凤敏为组长的 AFC 国标组牵头下，在各方的共同努力下，《城市轨道交通自动售检票系统工程质量验收规范》宣贯会在北京准时召开。如果说《城市轨道交通自动售检票系统工程质量验收规范》是解决了轨道交通 AFC 行业国家标准的"有无问题"，那么此次 AFC 国标宣贯会则拉开了我国轨道交通 AFC 系统国家标准落地的序幕。从此，轨道交通 AFC 行业有了自己的一套落地标准规范。

这是一个起点！这个起点让陈凤敏刻骨铭心，不仅仅是它在行业内的重要意义，也饱含了她背负母亲去世的伤痛。建设部规范处梁锋知道陈凤敏母亲生病住院的事情，在 AFC 宣贯会期间关切地问及此事，忙到无暇悲痛的陈凤敏才伤心而又平静地透露道：“我妈妈已经过世了。”陈凤敏为了尽心尽力把 AFC 国标宣贯会开好，愣是没有主动向身边的人透露一星半点。直到此时，参会人员才陆陆续续知道这个消息，他们向陈凤敏表达了敬意，也给与了她莫大的宽慰，特别是建设部梁锋同志、大连轨道公司马劲航总工、韩国三星公司黄新萍经理等人。能够开好这次重要会议，陈凤敏也非常感念远在上海的自家弟弟妹妹等家人的理解和支持。（fig.11）

“实施指南”

标准编制、发布、宣贯，都一一完成了，新的工作任务接踵而来。

在这次 AFC 国标宣贯会上，建设部规范管理处杨瑾峰处长从专业看问题的角度，向陈凤敏提议在标准颁布的基础上编制“操作手册”。

fig.11-1 北京第一次宣贯会现场

fig.11-2 建设部规范处梁锋在讲话

当时的形势，一方面，国内开通并运营轨道交通的（包含正在建设中的）只有北京、上海、广州等几个大城市，大部分城市连轨道交通都没有，有的才刚刚提上议程，更谈不上对轨道交通 AFC 系统的理解和应用，一个新鲜出炉的行业标准对他们而言“可望而不可及”。另一方面，《城市轨道交通自动售检票系统工程质量验收规范》自 2006 年 6 月 19 日发布以来，就受到了国内外行业企业的普遍关注，日本欧姆龙株式会社、西班牙泰尔文特公司以及国内的浙大网新公司均先后与 AFC 国标组沟通联络，特别是浙大网新公司从专业角度提出了一些补充、完善的意见和建议。但标准之所以为标准，在于它的提纲挈领、统领全局，用建设部梁锋在 AFC 国标宣贯会上的讲话来说：“《城市轨道交通自动售检票系统工程质量验收规范》是一个法律性文件，各项条款只作原则性阐述，而不可能进行深入细致的描述，更不可能结合工程实例作出详细的分解。”

因此，为了让《城市轨道交通自动售检票系统工程质量验收规范》能够得到很好的贯彻落实，必须要让它更好地为社会各界所理解，既能让尚未修建轨道交通的城市认识到 AFC 行业标准规范的存在，又能让行业里的各家单位充分认可，照顾到方方面面。从这个角度来说，建设部杨瑾峰处长的提议显得非常必要而且及时，即在《城市轨道交通自动售检票系统工程质量验收规范》的基础上，编制一份“操作手册”——这就是后来广为行业公认的“实施指南”的由来。

事情说起来简单，但在标准基础上做这个实施指南却十分费工夫。尺度、细节都要掌控好，还要考虑到各地的实际情况和不断涌现的新事物新技术，因此相对于标准，实施指南的篇幅更大，要照顾的面更多。从 2006 年 11 月开始，陈凤敏组

fig.12 第一本与AFC国标配套的“实施指南”

织国标管理组，在各参编单位的共同努力下，至2008年4月终于完成了第一版轨道交通AFC系统“实施指南”的编制，并于2008年6月由中国计划出版社出版。（fig.12）

从标准到实施指南，我国轨道交通AFC行业终于有了一个规范的体系，这对后来的项目招投标、工程实施、预算、验收都定了一个标尺，对我国轨道交通AFC行业企业发展也是一大助力，更有利于我国轨道交通AFC系统走出国门。放在今天“一带一路”的大背景下，后面这一点无疑更具意义。

或许陈凤敏也没有想到，自己原本要去监理公司，结果却机缘巧合地牵线搭桥，推动我国轨道交通AFC行业标准事业的发展。从2004年初立项，到2006年发布，轨道交通AFC系统国家标准看似颇有效率，最终的成果也深得行业各界认可，但在成绩的背后，也有一些不和谐的声音。

“走自己的路，让别人说去吧！”文艺复兴时期意大利诗人但丁一句名言成为现今很多人的座右铭，但这句话本身就隐含着“别人说”的潜台词。陈凤敏之前在吴淞化工厂、在上海市地铁公司想做一番事业的时候，多多少少都出现了一些杂音，现在到了做轨道交通AFC行业标准的时候，这种声音不免也来了。

按照常规思路，陈凤敏是上海地铁监理公司的一员，本职工作就是把工程监理管好就行了，至于轨道交通AFC行业标准，应该由国家有关部门或者是行业业主单位牵头组织，事实却是，最终这个工作是由陈凤敏牵头弄起来的。关于这一点，重庆地铁公司的仲建华对陈凤敏就非常钦佩：“陈凤敏和普通的监理不一样，她能站在国家利益的角度，站在轨道交通AFC系统这个行业自主化国产化的发展高度去看问题，去推动原本不属于她分内事的工作，个人境界非常高！”这也代表行业内大多数人的心声。

但是行业外部却也有不同的声音，他们对陈凤敏牵头做行业标准这个事情的“合法性”往往抱有些许疑义，认为陈凤敏这个 AFC 国标组不正规、刻章也有不妥等，诸如此类。但彼时我国轨道交通 AFC 行业起步不久，有些专业领域连主管部门都未必了解，陈凤敏完全是怀着一腔热忱秉着一片公心在做这件事情，没有国标组没有公章，很多事情完全没法开展下去。现如今国内轨道交通 AFC 行业发展如火如荼，基本实现了国产化自主化，并且已形成了自己的一套标准，不能说全是陈凤敏的功劳，但毫无疑问有她的深深烙印。所以每当有这种杂音的时候，包括仲建华在内的行业大佬都站出来替陈凤敏这个“热心人”说话。这大抵也能体现出陈凤敏一心扑在我国轨道交通 AFC 系统领域的影响力了吧。

尽管从法理上讲，AFC 国标组确有其有待商榷之处，但陈凤敏这么多年来一直秉承一个做事原则，那就是：依据“任务”执行，做事有凭有据，心中踏实，心怀坦荡。这个“任务”是什么？就是《工程建设国家标准管理办法》第四十一条列的那七大项任务。其中，第一项标准解释、第三项标准宣贯就不必说了，历年的 AFC 论坛、AFC 标准宣贯会都是明证。从某种意义上来讲，编制实施指南也是《工程建设国家标准管理办法》第四十一条所列的七大任务之一，即任务七。除此之外，针对任务二，AFC 国标组及时发现问题，设立专门课题项目进行调研分析解决；针对任务四，组织多次国内外交流活动，收集吸收国际先进理念和技术；任务五事故调查和咨询、任务六标准研究和交流也都在 AFC 国标组的组织下正常开展着。

第七章
论坛：历尽千帆十五年 家喻户晓 AFC

看到有那么多厂商、工程单位、业主参加 AFC 论坛，我深感欣慰，说明 AFC 系统在轨道交通中的作用已被各方充分接受和认识了。

——陈凤敏

“衡山路上的梧桐枝繁叶茂”

最初开始搞 AFC 论坛，有一半多的原因是因为行业标准的编制，后来约定俗成吸引了来自全国各地的行业业主、厂商、设计院所及相关领导和专家，规模逐年扩大，影响力也越来越大，已成为国内轨道交通 AFC 行业最为权威的年度盛会，这不能不说是陈凤敏创造的一个小小的奇迹。从 2004 年重庆第一届 AFC 论坛到 2018 年合肥第十五届 AFC 论坛，寒来暑往，从未间断，见证了我国轨道交通 AFC 系统市场的发展，见证了我国轨道交通 AFC 系统产业的壮大。

提到 AFC 论坛这 15 年，有一个人一直跟随陈凤敏左右，那就是郑志涛。从第一届到第十五届，都是郑志涛协助陈凤敏一手张罗起来的。说起来，郑志涛和陈凤敏能够认识也是一种机缘。

那是 2002 年的夏天，具体时间双方都已经记不太清楚了。当时的郑志涛在《卡市场》杂志策划“公交 IC 卡应用系列专题”，辗转多个城市采访，其中第二站采访南京公用事业 IC 卡公司总经理朱明和技术经理王彤彦，以及南京一德公司副总经理杨孝同。当谈到轨道交通 AFC 系统工程质量把关的话题时，杨孝同主动提及陈凤敏，称她是行业的专家，有着丰富的经验和超前的理念。杨孝同与陈凤敏也是因轨道交通 AFC 系统结识的，当年陈凤敏曾作为南京地铁建设 AFC 专业顾问在南京工作过一段时间，与杨孝同在业务上有交集，给他留下了非常深刻的印象，以至于郑志涛来访问他时，他很自然而然地就想到了陈凤敏。

郑志涛从杨孝同那里拿到了陈凤敏的联系方式，联系上陈凤敏，说明事由，约好时间，专程赶到上海衡山路上海地铁运营公司的办公室与陈凤敏见了面。虽然记不清具体日期，但会面的场景仍然深深地烙在郑志涛的脑海里。他是这样描述的：

衡山路上的梧桐枝繁叶茂，知了不停地鸣叫，在上海地铁运营公司旧办公大院的一个角落办公室，穿过堆满各种书籍和资料的办公桌，我第一次见到了“传说中”的陈凤敏老师。她依然矍烁，风采照人，一点也看不出已是花甲之年。作为轨道交通 AFC 行业的资深专家，陈凤敏老师和蔼可亲，没有丝毫架子，她给我科普了轨道交通 AFC 系统的概念、工程质量管理的要点，侃侃而谈，如数家珍。正是在陈凤敏老师的帮助下，我顺利完成了《浅析 IC 卡工程质量管理的现状及对策》一文，刊发在《卡市场》杂志（2002 年 9 月）上。

经此一面，郑志涛此后的工作、生活便与轨道交通 AFC 系统紧紧地捆绑在一起。赶上那时候，陈凤敏刚从上海地铁运营公司退休不久，一头忙着监理工作一头思索行业发展，萌生了举办行业交流会的想法，加上后来轨道交通 AFC 系统标准的编制也需要一个交流平台，这就是后来的 AFC 论坛。不过陈凤敏光有这个想法还不够，一方面她自己精力有限，另一方面她也不曾搞过会展交流，所以那段时间她也一直在物色可以帮忙的合作伙伴。有着《卡市场》杂志从业背景的郑志涛毫无疑问是个很好的合作伙伴人选，特别是他此前策划了多次轨道交通行业的选题报道，可谓关系门儿清，行业里脸熟，策划这个行业论坛相对比较容易上手。然而当陈凤敏提出这个建议时，一开始郑志涛并不太愿意把自己局限在轨道交通 AFC 系统这个“小圈子”里面，感觉继续做他的《卡市场》更好玩。不过有些人、有些事注定是一种缘分，郑志涛或是为陈凤敏的人格魅力所感染，或是为我国轨道交通 AFC 系统发展的愿景所打动，或是为自己在行业发展的前景所说服。AFC 论坛之所以这么多年经久不衰，除了陈凤敏的热忱投入，也离不开郑志涛的倾力相助。（fig.1）

我们看到每一届 AFC 论坛，承办单位中都有一个中心的名字，即北京方卡信息咨询中心。这就是郑志涛牵头成立的，最初用以创办《卡市场》杂志，后主业转为服务 AFC 论坛，这么

fig.1 2006 年与郑志涛的合影

多年下来做的绝大部分事情也就是组织召开 AFC 论坛。别的会务公司办个活动搞个展览捞得盆满钵满犹嫌不足，郑志涛这个专门服务 AFC 论坛的会务公司在某种程度上更像是一个热心机构，会前会后组织张罗忙个不停，只收友情参会费以供开会日常支出。要不说陈凤敏和郑志涛十分投缘，也是秉性契合。一方面陈凤敏要求甚严，一直强调 AFC 论坛交流平台的“公益性”；另一方面郑志涛服务尽心，虽有时也不免吐槽几句却从不争辩。只不过随着后期 AFC 论坛规模越来越大，组织成本水涨船高，郑志涛才在陈凤敏的同意下适当调整了几次参会费等相关费用，支撑着 AFC 论坛这个行业盛会开到今天。此时的 AFC 论坛价值显然也远远不是参会费所能体现的。这 15 年，不仅是 AFC 论坛发展的 15 年，也是我国轨道交通事业、轨道交通 AFC 行业发展的 15 年。这 15 年，如果说陈凤敏是推动者、领头人，那郑志涛也算是亲历者、见证人。

因标准编制而生

AFC 论坛是陈凤敏从上海地铁运营公司退休后打造出来的一个行业品牌盛会。前三届 AFC 论坛虽然都带有行业标准编制的任务，但也有不同的会议主题，可以说从一开始陈凤敏就将 AFC 论坛定义为我国轨道交通 AFC 行业交流的“固定节目”。每次 AFC 论坛，陈凤敏都结合会议主题作了发言，结合主题，紧扣形势，应该说每一届她的发言都切中行业发展要害，发人深省。

2004 年 10 月 15 日，第一届 AFC 论坛“《城市轨道交通自动售检票系统工程质量验收规范》（国标）征求意见暨首届城市轨道交通自动售检票系统技术应用研讨会”在重庆召开时，国内轨道交通建设初见端倪，许多城市把轨道交通建设列为一项重要工作来抓，轨道交通 AFC 系统作为轨道交通建设管理的先进理念和技术，也逐步为各地所重视。这一届 AFC 论坛的主题与当时形势也很贴切，是“国内轨道交通 AFC 系统的基本状况”。在会上，陈凤敏开头就是一句发自肺腑的感慨：“看到有那么多厂商、工程单位、业主（包括建设和运营）参加 AFC 论坛，深感欣慰——说明 AFC 在轨道交通中的作用已被各方充分接受和认识了。”（详细报道见本章末二维码）

在第一届 AFC 论坛上，陈凤敏力陈国内轨道交通 AFC 系统的落后现状：“国外发达国家（日本、美国、法国）开发轨道交通 AFC 系统是在上世纪 50 年代末 60 年代初，中国香港在 1979 年开始安装轨道交通 AFC 系统，新加坡从 1989 年开始安装轨道交通 AFC 系统，国内最早是上海于 1999 年 3 月 1 日开始在地铁 1 号线启用轨道交通 AFC 系统。从国外发达国家到中国香港到新加坡再到中国大陆，每一级都间隔 10 年，按照简单的数学加减法，国内轨道交通 AFC 系统要比国外滞后 30 年！尤其是在认识理念和技术掌握方面，与国际水平存在较大差距。”

如何改变这一情况，陈凤敏提出要“广泛交流、认真切磋”，AFC 论坛就是这个载体。她在会上也提到了这个论坛的渊源：

三年前（2001 年），有不少人建议把热爱和从事轨道交通 AFC 系统工作的人员组织起来，便于相互探讨技术、交流心得、寻求合作。今天，在《城市轨道交通自动售检票系统工程质量验收规范》初稿征求意见时，轨道交通 AFC 行业第一次有了这么一个相聚的机会。如果能通过这个机会达成共识，建立平台，轨道交通 AFC 行业不仅可以加强国内交流，还可以延伸到国外，比如学习了解欧洲的 CALYPSO 标准，或者与美国 APTA 协会交流，这对我国轨道交通 AFC 行业的奋起直追都是很有好处的。

正如前文提到的，陈凤敏还在论坛上提及编制行业标准的相关事宜。

陈凤敏强调了 AFC 论坛的目的："通过研讨交流，在国内建立一个探讨轨道交通 AFC 系统技术的渠道，共同推动，把中国的轨道交通 AFC 事业做好，以实现接近或达到甚至超过国际的水平。"

第一届 AFC 论坛召开后，业内反响不错，不仅仅是因为参与标准编制，更多的是有了一个行业交流的平台，于是第二届、第三届 AFC 论坛也如约而至。

2005 年 6 月 25 日至 26 日，第二届 AFC 论坛"《城市轨道交通自动售检票系统工程质量验收规范》（国标）送审稿征求意见会暨第二届城市轨道交通自动售检票系统技术应用研讨会"在南京新纪元酒店召开，这届 AFC 论坛的主题是"国内外 AFC 系统运营的情况"。论坛两大内容：一是继续研讨行业标准规范的编制与完善；二是介绍交流国际轨道交通 AFC 系统应用情况，让国内同道足不出国学习国际轨道交通 AFC 系统先进理念和技术。陈凤敏在论坛发言上谈了两个感受，并重申了"商机无限路漫漫"的观点，勉励行业同仁共同把我国轨道交通 AFC 系统这个事业做好做强。

2006 年 6 月 16 日，第三届 AFC 论坛"第三届城市轨道交通自动售检票系统技术应用研讨会"在大连市良运大酒店召开，主题是"AFC 系统在城市轨道交通'网络化运营'下的票务规划与方案”。这也是《城市轨道交通自动售检票系统工程质量验收规范》编制组作为主办机构组织的最后一届AFC论坛。第三届AFC论坛的重点是配合编制两年多的《城市轨道交通自动售检票（AFC）系统工程质量验收规范》（国标）的颁布实施，同时针对轨道交通AFC系统新技术、新产品的出现，为以后轨道交通AFC系统标准的修订、充实积累资料。陈凤敏在此次论坛上就轨道交通网络化运营作了发言，着重强调了效率问题。

网络化运营已成为轨道交通建设的必然趋势，这就要求我们在学习和借鉴成功经验的基础上，重视网络化运营的规划和建设。在今后工作中，我们要结合国家对轨道交通的指导意见（超前规划、适时建设、注重效率）开展工作，做到超前设计，充分考虑各种可能遇见的问题，尤其是要在效率上下大功夫。我国轨道交通AFC系统未来发展的路子还很长，特别是轨道交通AFC系统是直面乘客的face工程，系统如何更进一步注重效率，有所作为，如何在客流不断增长的情况下进一步提高处理能力，如何在车站建筑等硬件设备不能无限增长的情况下有效解决车站客流拥堵的问题，都是值得我们去深入研究的课题。

因标准编制而发展

轨道交通AFC行业标准的正式发布，并没有意味着AFC论坛的终结，相反，随着2006年8月份AFC国标组的成立，AFC论坛作为一个行业一年一度交流的平台已经为大家所接受。从第四届 AFC 论坛开始，主办机构正式交给了 AFC 国标组，当然负责人仍然是陈凤敏。

2007 年 9 月 19 日至 20 日，第四届 AFC 论坛“第四届城市轨道交通自动售检票系统技术应用研讨会暨 AFC 专业产品展示会”在广州召开，主题是“轨道交通网络化运营状况下票务运营管理模式探讨”。此时距《城市轨道交通自动售检票（AFC）系统工程质量验收规范》颁布实施已经一年多。这一年多来，标准实施得好不好、存在哪些问题与不足、新技术和新产品的出现对标准的冲击等，都是摆在 AFC 国标组以及整个行业面前需要去充分认识的课题，也在这次论坛上得到了充分的讨论与发酵。在此基础上，陈凤敏着重总结分析了相对于国际先进水平、国内轨道交通 AFC 系统在发展和管理等方面存在的差距。她讲了五点：

一是关于产业结构。我国轨道交通 AFC 系统设备的生产制造往往“轻研发、重生产”“轻技术、重效益”“多头并进、分散投入”，还没有形成一个完整的产业链和合理的产业结构。一些轨道交通 AFC 系统设备的器件如纸币识别器、硬币识别器、闸机门控机构等，仍然受限于国际制造商。

二是关于运行品质。因为工期紧张等因素，对轨道交通 AFC 系统进入运行阶段的要求考虑不够充分，最终影响到系统的运行品质。

三是关于指标实现。轨道交通 AFC 系统在招标时，虽然对系统运行阶段的表现提出了一些指标要求，但这些指标没有从系统整个生命周期的设计、制造、安装及运行阶段进行分摊，最终导致不能逐级保证这些指标的实现。

四是关于质量成本。对轨道交通 AFC 系统设备的制造商及其分包商的产品质量、成本等问题，无法完全控制。

五是关于标准规范。由于我国轨道交通 AFC 系统的建设和应用还处在成长阶段，系统建设和运行可遵循的标准还不齐全，有些还在制订中，有关轨道交通 AFC 系统技术规范的国家标准尚未出台，影响整个行业的规范发展。

陈凤敏在论坛上呼吁尽快考虑采用一套行之有效的方法，来统筹解决我国轨道交通 AFC 系统建设与运行各个环节中存在的问题，如在轨道交通 AFC 系统中引入 RAMS 管理（即可靠性、可用性、可维护性、安全性），进一步提升轨道交通 AFC 系统的社会效益和经济效益。

2008 年 9 月 11 日至 12 日，第五届 AFC 论坛“第五届城市轨道交通自动售检票系统技术应用研讨会暨 AFC 专业产品展示会”来到了古城西安，这一届 AFC 论坛的主题是“轨道交通 AFC 系统技术的自主创新探讨”。当时北京奥运会刚刚闭幕不久，为奥运会建设开通的北京地铁 5 号线、8 号线、10 号线在奥运会期间发挥了巨大作用，特别是北京地铁在这一年 6 月 9 日正式告别纸质售票时代，让轨道交通 AFC 系统大显身手，这也点燃了全国各地建设轨道交通的热情。这一年 4 月，陈凤敏牵头编制的第一版轨道交通 AFC 系统“实施指南”在历经一年半之后，也终于大功告成。

在这届论坛上，《城市轨道交通自动售检票（AFC）系统工程质量验收规范》的充实完善依旧进行，对“实施指南”也作了重要说明，论坛还探讨了新形势下轨道交通 AFC 系统技术自主创新的情况。陈凤敏也就“轨道交通 AFC 系统技术的自主创新探讨”作了发言。

希望愿意或已经从事轨道交通 AFC 系统专业工作的各领域

人员，无论是国内的还是国外的，无论是搞建设的还是做运营的，无论是负责设计的或主抓施工的，无论是设备供货商还是集成商，大家都要关注自身的发展，关注社会的需求，关注轨道交通 AFC 系统的一举一动。不仅如此，大家还要主动向社会各界宣传轨道交通 AFC 系统的重要性，努力争取各地铁公司对轨道交通 AFC 系统的理解和支持，这不仅仅是行业发展的需要，更是所有行业人员的责任，否则市场将越来越窄。在这个基础上，行业还要加强自主创新，通过技术改造项目，随时总结经验，交流心得体会，如此才能推动行业稳步发展。

陈凤敏表示 AFC 国标组将竭尽所能，尽可能地为行业交流、学习、合作创造条件，搭建平台，推动行业自主创新和持续发展。

第六届 AFC 论坛“第六届城市轨道交通自动售检票系统技术应用研讨会暨 AFC 专业产品展示会”是 2009 年 8 月 12 日至 13 日在成都举行的，主题是“提升 AFC 系统在轨道交通可持续发展中的作用”。陈凤敏在论坛上主要说了两点：

当前轨道交通的建设进入持续增长时期，但在工程建设的各个阶段，我们始终要树立全局与可持续发展的观念，各个专业的子系统间要做到相互配合以确保整体水平的发展，进而实现城市整个路网的先进性和可持续性。

在当前形势下，发展自主科技创新是强国之路，也是我们轨道交通行业持续发展的支柱。希望行业在可持续发展的理念下，紧跟世界先进技术的步伐，在引进吸收的基础上，勇于创新、不断创新，为加速轨道交通 AFC 系统设备国产化的进程，为提升整个轨道交通行业的技术水平，为我国地铁行业的发展做出不懈的努力和贡献。

如果说前三届 AFC 论坛更多是结合行业发展趋势从标准编制的角度出发，第四、五、六届 AFC 论坛的主题侧重于大面上的交流，那么从第七届开始，AFC 论坛有针对性地集中探讨行业里某一细分领域的课题，如清分系统、手机支付和检测验收等。

第七届 AFC 论坛“第七届城市轨道交通自动售检票系统技术应用研讨会暨 AFC 专业产品展示会”于 2010 年 8 月 18 日至 19 日在昆明召开，主题是“轨道交通 AFC 清分系统的功能定位”。对于这个主题，陈凤敏是这样说的：

进入 2010 年，我国轨道交通建设又迎来一个新的发展时期，各地轨道交通建设纷纷上马，热火朝天。今年开通的线路有上海、北京、成都、沈阳等城市，进入网络化运营的线路也逐渐增多，在这个过程中也面临不少新问题，如多家公司参与运营，其中统一的安全体系、票务资产、分账规则和运营管理的集中控制等问题涌现出来。今年会议的一大主题是清分中心的功能定位与实施，通过交流、分析、探讨，寻找解决之道，虽然可能不能从根本上解决问题，但集思广益也是一大启示，因为不管是已经上线运营的还是正在建设的，都将不可避免地遇到这个问题。

第八届 AFC 论坛“第八届城市轨道交通自动售检票系统技术应用研讨会暨 AFC 专业产品展示会”是 2011 年 11 月 9 日至 10 日在南宁举行的。本次论坛重点以“手机支付技术在轨道交通 AFC 领域中的应用探讨”为主线，这也是在手机支付已成星火燎原之势下的必选话题之一，也可以看出 AFC 论坛在对待新事物新技术新理念上的敏锐性。

根据主题，论坛邀请了有在地铁中应用手机支付案例的深圳地铁集团公司票务部部长周世爽女士作了题为“手机支付在深圳地铁中的应用”的主题发言，重点对深圳地铁采用手机支付技术的背景、实施情况以及经验体会作了介绍。对于深圳地铁敢为天下先“第一个吃螃蟹”的精神，与会各界都表示了赞赏。论坛还邀请了手机支付产业链上游的主流芯片厂家如上海复旦微电子、恩智浦半导体、英飞凌科技、国民技术等企业，对手机支付的现状、主流技术以及未来发展作了报告。

作为AFC国标组赴日考察代表，无锡轨道交通公司运营筹备部副部长周茂庆先生介绍了日本轨道交通AFC系统应用手机支付的情况，既充分发挥手机的通讯功能和对卡信息的读取功能，又把手机支付卡和移动SIM卡完全分离，使两者在业务上既相对独立，又能互利共赢，从而降低地铁运营公司与移动通讯公司之间的技术难题和商务难题。这种简单而实用的模式也让与会人士大开眼界。

在手机支付大势所趋的背景下，陈凤敏谈了自己的看法：

国外实践证明，手机支付的技术实现本身不是问题。手机支付技术之所以能在一些国家成功实施，关键是整个交通大环境的发展，即银行磁质卡片在交通领域的应用，使手机支付项目水到渠成。而目前在国内，金融、地铁等相关机构各自为政，各地交通一卡通也不具备银行卡功能，如何有效实现轨道交通移动支付，实现规模化商用，还需要一定过程，比如国家政策导向，比如移动支付产业链上下游企业间的互信与合作，最关键的还是要推动形成统一的技术标准。

第九届AFC论坛“第九届城市轨道交通自动售检票系统技术应用研讨会暨AFC专业产品展示会”2012年9月20日至21日在贵阳市召开。这届论坛的主题是“检测验收——AFC工程质量安全的必经之路”，重点讲的是工程质量安全，为此请来了轨道交通AFC系统检测检验方面的专业机构、标准单位以及相关领导和专家。

陈凤敏素来重视轨道交通AFC系统工程建设质量安全，这在第四届AFC论坛上她就专门提及，这次她又特别强调了一下：

市场的健康发展，不仅需要大家的共同努力，也需要有更多相应措施保障，标准规范制定是其中重要一环，检测验收也是其中重要一环。本次会议的主题定位于“检测验收”，是基于当前轨道交通快速发展的需求。目前国内轨道交通AFC系统检测验收五花八门，有自己检测，有委托第三方机构检测，有联合检测，更有甚者不检测或对检测验收不重视，这对未来轨道交通AFC系统的正常运营其实是一个很危险的信号。这次论坛我们也邀请了相关领域的专家和机构，希望集思广益集中反映和解决问题。

两年前曾有国内轨道交通AFC系统企业计划进入国际市场，当被问到产品有无“CE”认证时一下卡壳了。现在我们企业的产品别说CE认证，就是国内相关认证很多都没有，毫无疑问这让我们行业失去很多进军国际市场的机会。这件事对我触动很大，加上前些年一些事故背后折射出的质量问题，促使AFC国标组加快推进检测技术的考察，同时建设部也批复了针对该领域局部修订的意见。希望通过这次论坛，进一步完善轨道交通AFC系统标准规范在检测方面的内容。

最后再强调一个观点，做检测并不是为了检测而检测，检测的最终目标是保障工程质量，从而保障轨道交通 AFC 系统的安全可靠。

AFC 论坛来到了“10”字路口

重庆、南京、大连、广州、西安、成都、昆明、南宁、贵阳，AFC 论坛一晃就办了九届，时光一下就过了九年。这九年，无疑是我国轨道交通 AFC 行业发展突飞猛进的九年，也是最为关键的九年。截至 2012 年，国内已有北京、上海、广州、深圳、南京、天津、重庆、武汉、沈阳、长春、大连、成都、西安、昆明、苏州、杭州、佛山、哈尔滨等 18 个城市累计开通了 70 多条城市轨道交通运营线路（含试运营），总运营里程超过 2000 多公里，其中仅 2012 年新增投运里程就超过 300 公里，轨道交通 AFC 系统也越来越发挥重要作用。

眼看着就要举办第十届 AFC 论坛了，陈凤敏也不由地感慨。到底还是一个充满情怀的人，第十届 AFC 论坛陈凤敏决定回到重庆，这个她从上海地铁运营公司退休后从事监理推进标准的地方。2013 年 10 月 16 日至 17 日，第十届 AFC 论坛“第十届城市轨道交通自动售检票系统技术应用研讨会暨 AFC 专业产品展示会”在重庆召开，这是一次总结加展望的大会。参会代表超过 300 人，为历届最多，其中地铁业主及设计院所的代表超过 90 人，总计有 19 个城市 22 个业主单位的代表、8 家设计院所、60 多家 AFC 系统相关的厂家以及媒体等其他业内单位代表参会。（详细报道见本章末二维码）

会议的主题是“十年情，未来路——我国轨道交通AFC系统市场回顾与展望”。论坛总结了十年来的工作，展望了下一个十年的计划。第一天上午重点讨论了“AFC市场十年回顾及未来发展走向”，第一天下午的焦点则是“新产品新技术论坛”；第二天会议安排了行业研究机构、业主单位和设计单位嘉宾作“经验交流”和“主题探讨”，就行业的严峻形势、市场准入、产业联盟等问题在论坛上展开了激烈的讨论，总的思路是推进行业健康可持续发展。这十年，陈凤敏是最深有体会的，AFC系统这样一个年轻的行业，脚步迈得太快，鞋子肯定会有点跟不上。行业发展取得的成绩让她深感欣慰，但出现的问题也让她深感不安。在论坛上，她特别就这点作了发言：

10年来，AFC论坛日益成为国内轨道交通AFC系统领域有影响力的重要论坛。在中国文化中，每10年是一个重要的阶段，10岁的AFC论坛正处在一个新的起点上，希望借这次论坛能更上一层楼。

本届年会以“十年回顾”为主题，很有现实意义：即可以通过这届年会，回顾十年来的发展，分析存在的问题，探索下一个十年的趋势。我相信大家能够充分发表远见卓识，共商AFC系统发展大计，为促进轨道交通大事业的发展贡献我们专业的智慧和力量。

AFC系统是当今轨道交通领域最具发展潜力的专业之一，AFC发展同其他各大专业发展息息相关。我们要积极探索适合本国本地区情况的发展道路，在实现自身发展的同时有力促进整体行业的发展。在提升业主的管理水平的同时，又及时掌握客流最新情况，给业主带来信心。

当然，我们也应该清醒地看到，AFC行业的发展仍然面临不少困难和挑战。我认为产生这些困惑的原因在于我们的行业是年轻的行业，行业发展太快，缺少经验积累，人员队伍相对稚嫩。发展较早的一些城市，随着轨道交通线网的拓展，也重新面临许多新的问题，真如俗话所说：“脚步迈得太快，鞋子有点跟不上了。”所以，面对这些困惑，我认为要正确认识，即使花些代价也是成长过程所需付出的学费。

AFC 行业的发展，需要共同呵护、共同破解难题。行业之间要多交流，供需之间也要多沟通，AFC 系统在整个轨道交通中投资比例虽小，但其作用、其社会影响不可小觑。所以我建议，为使 AFC 行业健康发展，在时机成熟之际，有必要成立一个相应的组织进行协调发展，制定相应的游戏规则，设置 AFC 系统市场准入门槛等。因为 AFC 系统是个很有技术含量的系统性工程而不是一个单一的产品，就像闸机也是一个复杂的系统而不是一个简单的门禁设备，在某种意义上讲就是一个机器人。对这样的系统性设备，无论设计、生产或应用，没有一定的技术积累，是难以长久发展的，同样，没有抱着打持久战准备的企业，是很难在这个行业成长和发展的。从 2004 年第一届 AFC 论坛开始到今天，十年来，有很多企业，有很多的熟面孔，我们每年都在此相逢相见，这其中也有很多“昙花一现”的，值得大家深思。

AFC 论坛的新发展

AFC 论坛经过了第一个十年，行业出现的问题着实不少，所以在第十届 AFC 论坛上陈凤敏语重心长，尤其是针对低价中标这种损人不利己的行为更是深恶痛绝。好在行业经此折腾后也都逐步意识到其间要害，加上陈凤敏积极斡旋，行业风气逐渐好转。2014 年 9 月 17 日至 18 日，第十一届 AFC 论坛“第十一届城市轨道交通自动售检票系统技术应用研讨会暨 AFC 专业产品展示会”在兰州召开。论坛的主题是“轨道交通新形势下的 AFC 系统集成”，接着去年的话题，论坛还继续讨论了行业面临现状、市场准入、产业格局等问题。本届论坛在会议议程上实现了突破，内容更加丰富，展览规模也更扩大，企业参展数达到 34 个，包括集成商、闸机、模块、卡片、工控机、网络设备、软件系统、相关机具、专业防水、触摸屏等相关企业，集中展示了国内外轨道交通 AFC 行业的新产品和新技术。

陈凤敏在论坛上再次强调了无序竞争的危害性：

今年以来，全国各地的轨道交通建设进入了一个更加火爆的场面，招标项目也越来越多，这样的形势对于我们 AFC 行业来说，是好事，说明生意来了，而且不少还是大生意。俗话说“没钱赚的生意不做”，但是很多时候，我们亏本的生意也在做，而且是你亏我比你更亏。没利润的生意怎么才能保证卖的东西就是货真价实的东西呢？值得深思！“便宜没好货”，我相信这个道理大家都懂，但是要做到，并不容易，会受到各方面的因素影响。

值得庆幸的是，国家有关部门已开始关注这事，市场方面也开始出现企业希望抱团发展，共促行业健康的苗头，这是好事。我们希望这种好事能持续，保障行业的健康发展，我们每年召开年会，也就是希望给大家创造交流的平台，不仅仅是分享最新的技术和产品，也是一起直面问题，共商对策。

结合本届论坛“集成商”的主题，陈凤敏还在论坛发言中强调了集成商的重要性，并特别提到了她推动成立的“轨道交通 AFC 系统集成商联谊会”的组织，这也是她后来推动国内轨道交通 AFC 行业发展的重要载体之一。

合作的主题也延续到了第十二届 AFC 论坛。2015 年 9 月 16 日至 17 日，“第十二届城市轨道交通自动售检票系统技术应用研讨会暨 AFC 专业产品展示会”在呼和浩特召开，主题为“合作共赢 共促发展”。陈凤敏在这次会上再次呼吁“一起努力，共同合作”：

今年三月的博鳌亚洲论坛年会上，国家主席习近平在发表主旨演讲时说，只有合作共赢才能办大事、办好事、办长久之事。联想到我们 AFC 行业现在的市场状况，更具有贴切的指导意义，我们更应该倡导“合作共赢”，这样才能“办大事、办好事、办长久之事”。这也是我们确定今年会议主题“合作共赢、共促发展”的原因所在，通过大家一起探讨，为行业发展探讨出有益的解决方案，引导行业健康发展。

口号容易喊，实践起来难。这不仅需要大家统一认识，更需要参与的各方一起努力，共同合作，抵制不良的市场行为，才能将 AFC 行业大事办好。今天大家能够聚在一起，其实就说明了我们是这个产业的命运共同体，一荣俱荣，一损俱损。作为共同的成员，我们需要各专业间互相尊重、平等对待，重视彼此之间的连带关系，不做损人利己之事。

如今我们面对着全世界最大的轨道交通市场，每年都有很大很多的商机等着我们去承接。面对商机，我们不能内乱，不能急功近利，不能违背市场规律，不能做杀鸡取卵的短视之事。

大家聚在一起不容易，放着这么好的沟通平台，就让我们一起共同努力，将AFC系统的大事办好，办长久。

第十三届AFC论坛“第十三届城市轨道交通自动售检票系统技术应用研讨会暨AFC专业产品展示会”是2016年9月21日至22日在泉城济南召开的，主题是“互联网+下的AFC技术走向”。在过去的一年，随着“互联网+”势头迅猛，轨道交通AFC行业也迎来了“互联网+”的新技术变革，许多城市轨道交通都在上马互联网支付或准备实施互联网支付。如何在这新时代中生存与发展，成为摆在行业面前的新问题。无论是应用部门还是产业部门，面对“互联网+”的形势，有必要及时了解新技术，寻找共同的解决方案。

其实早在这一年的3月份，AFC国标组就在厦门组织召开了一次轨道交通AFC系统支付技术发展(小型)研讨会，专题讨论“互联网+”狼来了的形势。会议特别邀请了已经在市场中有应用案例的中软、方正国际和易铁网络等三家公司进行技术与应用的报告，分别介绍了在广州、郑州、苏州投用地铁云购票系统和设备。会议一致认为互联网支付是AFC系统未来发展的一个新趋势、新方向，行业间要多沟通、多交流，产业部门也要在合适的情况下展开合作，形成拳头力量，共同应对严峻挑战。

陈凤敏在这次小型研讨会上主要谈了三点意见：一是考虑采用多元的合作形式共同研究和探讨新形势下的AFC系统支付技术的发展；二是鼓励轨道交通业主、AFC设备集成厂家和互联网相关技术领域企业加强沟通与交流；三是探索AFC技术在互联网新时代的发展道路，共同促进我国AFC行业的建设和发展。

外行看热闹，内行看门道。在和轨道交通AFC系统打了半辈子交道的陈凤敏眼里：“AFC 虽然是小专业，却是攸关重要的系统。春江水暖鸭先知，技术有发展，必先会影响到 AFC 系统。”“互联网 +”移动支付正在普及，但是作为一个从动荡年代过来的人，陈凤敏最担忧的还是这种扫码支付的安全隐患。“AFC 无小事，出起事来就是大事。如果有黑客入侵，乘客个人信息很容易被泄露。”因此陈凤敏在多个场合都不忘提醒行业各方予以重视。

来到第十三届 AFC 论坛，陈凤敏作了题为“互联网 + 下的 AFC 技术走向”的演讲，除了分享她对“互联网 +”时代 AFC 系统技术走向的观点外，再次发出了行业一起探讨，共商对策，引导行业健康发展的倡议。

郑州是中原地区第一个开通地铁的城市，也是互联网支付率先在轨道交通实施的城市。在上一届探讨完“互联网 +”的话题之后，第十四届 AFC 论坛“第十四届城市轨道交通自动售检票系统技术应用研讨会暨 AFC 专业产品展示会”于 2017 年 9 月 21 日至 22 日在郑州召开，郑州市轨道交通有限公司夏景辉总工程师带队参加会议。会议的主题是“探讨轨道交通 AFC 系统规范化之路”。这届论坛的主办单位出现了一个新机构，即中国信息产业商会自动收费系统专业委员会（简称“AFC 专委会”），这也是 AFC 行业在 2017 年新成立的一个专业机构。

陈凤敏在这届论坛上重点提及行业标准的必要性和重要性：

AFC 系统作为城市轨道交通重要的专业内容，目前尚存在标准欠缺、标准化程度不高等问题，这在一定程度上也制约了轨道交通 AFC 系统在全国各地的应用，影响了轨道交通 AFC 系统产业链的健康发展。鉴于标准规范在轨道交通建设中的重要性，行业内迫切需要了解更多的信息，今年会议主题我们定为“探讨轨道交通AFC系统规范化之路”，重点探讨轨道交通AFC系统标准的相关议题，旨在为应用部门和产业部门提升对共建标准的必要性和重要性的认识，克服相关的障碍，尽快确定AFC系统标准发展框架体系，为轨道交通自动售检票行业标准化体系建设作出贡献。

我搞标准已经有十几个年头了，深知做标准的不易。制订一部标准，不是简单的头脑发热、短时间就可以完成的。它要经过编制队伍长期的投入与努力，需要大家的配合与沟通，更要吸收行业的意见与批判，要有一颗包容的心，才能千锤百炼般地出炉成型。它反映的是行业的需求，代表的是行业的希望，而不是某一家、某一人的意识。

今年论坛主题围绕“标准规范”展开，我也深知，标准不好谈，但正是因为不好谈，我们更需要大家的集思广益，希望能得到一些启迪，可以给相关的部门说出我们的心声，仅此而已！

陈凤敏在论坛上还表示，随着自己年龄的增大，希望有更多的年轻力量加入接棒，将AFC系统标准做得更好，将AFC系统事业发扬光大。

这届AFC论坛延续上一届讨论了“互联网+”售票技术的话题，这与近年来全国各地轨道交通“互联网+”售票的迅猛势头紧密相关。一方面是乘客的互联网支付需求，一方面肯定也有AFC论坛的熏陶，一时间，各地地铁建设和运营部门、不同类型集成商为“互联网+”AFC系统的尝试、结合与发展做了大量努力和探索，先后有广州、深圳、杭州、武汉等超过20个城市地铁上线“互联网+”AFC系统应用。不仅手机支付、二维码购票已在多个城市投入实际运营，NFC手机过闸、二维码过闸也开始在部分城市应用，互联网售票技术已经逐渐成为轨道售票设备的标配，充分说明 AFC 系统与“互联网 +”的结合势不可挡。

在这种形势下，论坛并没有失去理智，就一些核心问题展开了讨论。如：在反思过去“一轰而上，一上就乱”的基础上，要了解是否真正想清楚未来的建设、运营和管理模式？是否看清楚一些问题的本质变化（如从预付费，到预付费 + 后付费）？是否弄清楚技术架构与组织架构的关系与关联？理智思考的成果就是，论坛一致认为在倡导“便捷”的同时，一定要将“安全”放在重要的位置；一方面要充分利用互联网技术，将轨道交通服务与移动互联网、云计算、大数据广泛对接和深度融合，一方面还要结合“互联网 +”，持续不断地推进智能地铁建设，探索服务新渠道，打造“轨道交通 + 互联网”新格局。这届论坛也为未来轨道交通 + 互联网发展指明了方向。

行业的“春晚”

最近的一次 AFC 论坛是 2018 年 9 月 20 日至 21 日在合肥召开的，即第十五届 AFC 论坛“第十五届城市轨道交通自动售检票系统技术应用研讨会暨 AFC 专业产品展示会”。继参与主办十四届 AFC 论坛后，AFC 专委会再次参与并主办这届论坛，共有超过 180 家单位 700 余名代表出席会议，其中地铁业主单位 52 家、设计院 12 家、集成商 20 家，以及其他设备商、模块商等企业 100 多家，参会单位和人数均创新高，盛况空前。（详细报道见本章末二维码）

这届会议重点围绕“大数据时代下轨道交通 AFC 系统的发展趋势”展开交流分享，把脉行业现状，寻求相应对策。在“互联网 +”的冲击下，论坛特别就“大数据、云计算与 AFC 系统之间的关系”这个话题，从 AFC 系统需求、AFC 系统架构、大数据挖掘利用等关键问题上展开探讨，寻求“互联网 +”时代“开放环境”下的轨道交通 AFC 系统“封闭发展”的模式。论坛还在专业产品展示区，展示了新式闸机等最新产品和生物识别等最新技术。

作为 AFC 专委会名誉理事长兼 AFC 论坛主席的陈凤敏，对 AFC 论坛 15 年的风雨之路深有感触。她表示这一路走来，实属不易，希望大家共同将“AFC 论坛”这个品牌维护运转下去。她还表示看到越来越多的年轻人加入 AFC 系统领域很是欣慰，虽然行业还面临一些问题和困难，但只要齐心协力，定能克服困难，创造 AFC 行业灿烂的未来。

遥想在第一届重庆 AFC 论坛上，陈凤敏看到 100 余人的参会者情不自禁欣慰发声：“看到有那么多厂商、工程单位、业主参加 AFC 论坛，我深感欣慰，说明 AFC 系统在轨道交通中的作用已被各方充分接受和认识了。”15 年后，第十五届合肥 AFC 论坛的参会人数已经超过 700 人，这不仅仅代表着轨道交通 AFC 系统已被各方充分接受和认识，或许更意味着轨道交通 AFC 系统已走出行业、形成产业，同时面向社会各界，真正成为轨道交通极为重要的 face。

重庆、南京、大连、广州、西安、成都、昆明、南宁、贵阳、重庆、兰州、呼和浩特、济南、郑州、合肥，AFC 论坛从最初讨论行业标准编制、交流探讨行业发展的一个平台，成为轨道交通 AFC 系统领域最具影响力的会议，当然背后有很多人的努力，但其核心的一点，离不开陈凤敏这个“热心人”的精心组织和联络，以及陈凤敏以其专业背景为轨道交通 AFC 行业的标准编制和建言献策。尽管陈凤敏十分谦虚，但业界提起她，都竖起大拇指。说她是我国轨道交通 AFC 行业的泰山北斗，一点也不为过。

从 2004 年的重庆开始，每年一届，一届一般为期两天，走过全国 14 个中心城市，参会人数一届比一届多，规模一届比一届大。除了行业的交流探讨，AFC 论坛俨然成为国内轨道交通 AFC 系统这个行业固定的“春晚”。通过论坛交流分享，不仅仅是集思广益解决了行业发展的很多困难和问题，通过论坛丰富多彩的活动，更是加深了行业间的沟通互信，深化了相关企业间的交流合作，为推动我国轨道交通 AFC 行业发展乃至整个轨道交通事业的发展都起到了非常重要的作用。国内轨道交通 AFC 行业因此得以更加壮大，也是国内轨道交通事业声势较大的细分市场之一。这些都是 AFC 论坛发起人陈凤敏的初衷。

也许，连陈凤敏她自己都没有想到，自己不经意间打造出了行业的一个顶级盛会。也正是因为这个不经意，AFC 系统逐渐成为了各大城市建设轨道交通的标配，尽管很多人不知道 AFC 系统的名称和内涵，但 AFC 系统带来的自动售检票的高大上和便捷服务早已深入人心。AFC 系统不是“家喻户晓”，却也早已“家喻户晓”！

（详情可参见 AFC 论坛网：www.afcforum.org.cn 或 AFC 会议网：www.afc-china.com）

AFC 首届论坛年会报道　　AFC 第 10 届论坛年会报道　　AFC 第 15 届论坛年会报道

第八章
联盟：从千家混战到握手联谊

照此下去，AFC还能存在多久！

——陈凤敏

群雄并起，鱼龙混杂

第十五届合肥AFC论坛轰轰烈烈，超过700人参会，足见国内轨道交通AFC行业的规模。但在33年前，也就是1985年，轨道交通AFC系统这个专业名词进入中国之时，国内竟无人知晓。当年上海市地铁公司总工程师王振信是国内第一个提出AFC理念的人，而陈凤敏作为践行这一理念的核心人物，也是1988年才算正式意义上接手上海地铁轨道交通AFC系统这块工作。那一年，陈凤敏申请轨道交通AFC系统设备立项研发，应者寥寥，几乎是处于孤军奋战的境地，想要找一名助手都因"搞国产化，难有出国机会"而遭婉拒。放在今天，简直不敢想象——不要说今时今日，早在七八年前轨道交通AFC行业就已"人声鼎沸"了。

2012年是轨道交通AFC行业一个小小的转折年。经过二十多年的发展，随着当时各地轨道交通建设热潮，国内轨道交通AFC系统厂家林立，仅上海就有华虹、华腾、华铭、邮通、怡力五家代表，堪称轨道交通AFC行业的大本营之一。除此之外，北大方正、南京熊猫、北京中软、广州新科、深圳现代、重庆金美、沈阳新松等群雄逐鹿。而随着冰箱、彩电、空调、洗衣机等大家电市场的饱和，这些行业的一些国内知名企业如春兰、海尔也筹划着进入轨道交通 AFC 行业。这个时候，轨道交通 AFC 系统再不是无人问津，而是群雄并起。林子大了什么鸟都有，行业市场鱼龙混杂，为了争夺市场，一场没有硝烟的战争在全国各大城市弥漫。

新进入轨道交通 AFC 行业的企业，为了争取市场份额，抢占市场有利位置，不管自身的轨道交通 AFC 系统技术有没有达到标准要求，纷纷表示有能力承担轨道交通 AFC 系统工程。一些传统企业为了争取更大的市场份额，巩固行业地位，也开始大肆扩张。如何抢占市场，获取业绩？“捷径”就是“最低价中标”！于是在 2012 年至 2014 年那几年，轨道交通 AFC 行业低价中标之风蔓延，各大公司为了项目中标，拼命压价。

1999 年 3 月 1 日正式开通运营的上海地铁 1、2 号线，AFC 系统选用的是美国 Cubic 公司的产品，总耗资 2800 万美元。按两条线路共 28 个车站计算，平均每个车站在轨道交通 AFC 系统上的费用为 100 万美元。按照当时人民币与美元的汇率（10:1），相当于每个车站在轨道交通 AFC 系统要花费 1000 万元人民币。且当时所用的自动售票机（TVM）只接受 1 元硬币，不能使用纸币、硬币循环，不能找零，完全没有现在这么多功能。而在 2012 年至 2014 年那几年的轨道交通 AFC 系统项目招标中，有的地方中标价低到平均每个车站的费用仅为 350 万元，两相比较，差距极大，即便是考虑经济通胀因素也是如此。此外，与轨道交通 AFC 系统关系紧密的 ACC 系统（票务清分中心）也出现了低价中标的现象，某地轨道交通 ACC 系统项目预算为 7000 万元，最后中标价仅为 3500 万元，直接对半砍。

“如此低的价格，能造出什么样的设备？！”陈凤敏听到这些消息时半是愤怒半是无奈。联想到参与东北某城市轨道交通 AFC 系统开通运营前评估时，陈凤敏发现售票机是人工的，类似铁路的售票窗口，检票机里面只装着读卡器，这显然不能称之为自动售检票系统。造成这种局面的原因很简单，就是低价中标，业主和项目承包方对此也深感无奈。

“照此下去，AFC 还能存在多久？”这不仅是陈凤敏的呐喊，也是业界的呼吁。

联盟之始，南湖宣言

正因为行业发展的一时无序，陈凤敏才在那几年的 AFC 论坛上多次发声，呼吁业界减少这种对行业发展有百害而无一利的恶性竞争。第十届重庆 AFC 论坛上，陈凤敏说“脚步迈得太快，鞋子有点跟不上了”，轨道交通 AFC 行业的发展，需要业界共同呵护、共同破解难题。第十一届兰州 AFC 论坛上，陈凤敏再次强调了无序竞争的危害性，“便宜没好货”“没钱赚的生意不做”。第十二届呼和浩特 AFC 论坛上，陈凤敏号召大家统一认识，一起努力，共同合作，抵制不良的市场行为，才能将 AFC 行业大事办好。不惟陈凤敏如此，大多数希望行业良性发展的企业也渴望改变这一现状，但又不知道从何入手。

2013 年 5 月 8 日，陈凤敏去北京出差，在郑志涛的陪同下，特意去拜访了教授级高级工程师、中国国际工程咨询公司专家委员会副主任焦桐善先生。陈凤敏把这些年轨道交通 AFC 市场的沉沉浮浮都倒了出来，特别是陈述了她对近两年行业市场现状的焦虑和忧心。听完陈凤敏的一番言论，焦桐善语重心长地说：“AFC 系统是轨道交通建设一切的基础，在轨道交通运营中特别重要。当前的这种局面确实需要扭转，我觉得是不是可以考虑通过联盟的形式把大家集合起来？”

一语惊醒梦中人！联盟或许是改变当前行业恶性竞争的一剂良药。

但什么是联盟？怎么联盟？从哪里开始？从北京回到上海后，陈凤敏带着这些问题，展开了广泛的调研，从古至今，从大陆到港澳台再到国外，研究相关行业商会的运作情况，包括巴黎公社、清代重庆的湖广会馆、山东菏泽牡丹花协会等也被陈凤敏研究了一番。此外，陈凤敏还特别走访了轨道交通 AFC 系统的部分厂商企业，包括系统集成商、设备制造商、模块供应商、业主、设计院、施工单位等，倾听他们对当前行业发展的看法，收集他们对建立行业联盟组织的意见建议，包括联盟的形式、机制等方方面面。（fig.1）

有了这些前期准备，在 2013 年 10 月 16 日至 17 日举行的第十届重庆 AFC 论坛上，陈凤敏在发言中第一次提到了成立联盟的想法：“为使 AFC 行业健康发展，在时机成熟之际，有必要成立一个相应的组织进行协调发展，制定相应的游戏规则，设置 AFC 系统市场准入门槛等。”

时机如何成熟，关键还得有人推动。在陈凤敏的牵头努力下，2014 年 4 月 27 日，AFC 国标组在嘉兴组织召开了“首届轨道交通 AFC 系统互联互通技术交流会”。会议先是在上海召开预备会，第二天移师嘉兴，在嘉兴南湖具有革命象征意义

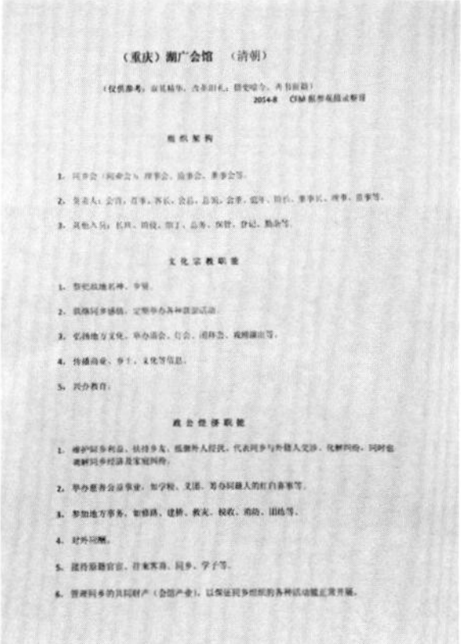
（重庆）湖广会馆 （清朝）

fig.1 清代重庆湖广会馆资料

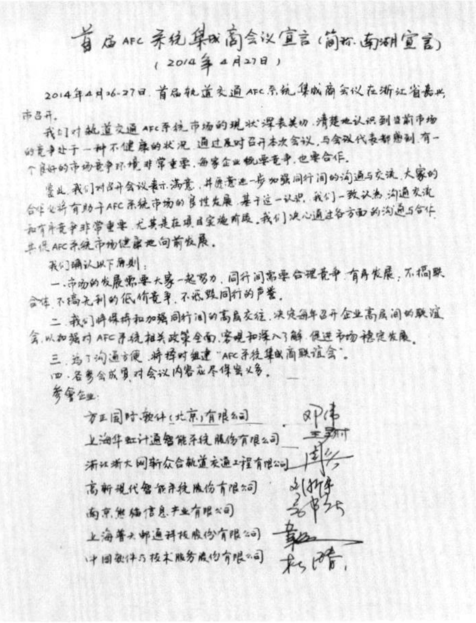
首届AFC系统集成商会议宣言（简称：南湖宣言）
（2014年4月27日）

2014年4月26-27日，首届轨道交通AFC系统集成商会议在浙江省嘉兴市召开。

我们对轨道交通AFC系统市场的现状深表关切，清楚地认识到目前市场的竞争处于一种不健康的状况。通过及时召开本次会议，与会代表都感到，有一个良好的市场竞争环境非常重要，每家企业既要竞争，也要合作。

鉴此，我们对召开会议表示满意，并愿意进一步加强同行间的沟通与交流，大家的合作必将有助于AFC系统市场的良性发展。基于这一认识，我们一致认为：沟通交流和有序竞争非常重要，尤其是在项目实施阶段。我们决心通过各方面的沟通与合作共促AFC系统市场健康地向前发展。

我们确认以下原则：

一、市场的发展需要大家一起努力，同行间需要合理竞争，有序发展；不搞联合体，不搞无利的低价竞争，不诋毁同行的声誉。

二、我们将保持和加强同行间的高层交往，决定每年召开企业高层间的联谊会，以加强对AFC系统相关政策全面、客观和深入了解，促进市场稳定发展。

三、为了沟通方便，将择时组建“AFC系统集成商联谊会”。

四、各参会成员对会议内容应尽保密义务。

参会企业：

方正国际软件（北京）有限公司

上海华虹计通智能系统股份有限公司

浙江浙大网新众合轨道交通工程有限公司

高新现代智能系统股份有限公司

南京熊猫信息产业有限公司

上海普天邮通科技股份有限公司

中国软件与技术服务股份有限公司

fig.2 南湖宣言

的画舫（红船）上举行。国内轨道交通 AFC 行业主要的集成商，包括北大方正、上海华虹、浙大网新、高新现代、南京熊猫、上海邮通、北京中软等企业，均参加了这次轨道交通 AFC 行业史上的南湖会议。这次会议的最大成果，就是发布了轨道交通 AFC 系统领域具有里程碑意义的“南湖宣言”，组织成立了轨道交通 AFC 系统集成商联谊会，这也是轨道交通 AFC 行业里面成立的第一家联盟性质的组织。第一期的联谊会成员就是上面这七家单位，所以这个联谊会也简称“G7”；按照企业名称首字字母顺序，实行“主席轮值制方式”；F 开头的方正国际（北大方正集团旗下专业从事轨道交通等智慧城市业务的企业）副总裁邓伟成为了联谊会的首任轮值主席。（fig.2，fig.3）

据邓伟事后回忆，情况似乎比陈凤敏说的还严重。当时轨道交通 AFC 行业系统集成这块业务的几大竞争对手在这次会议

fig.3 首次南湖会议合影

之前，基本都处于“只闻其名不见其人”的状态，有的甚至从未见过面。至于邓伟本人，也是刚被集团公司任命分管方正国际轨道交通这块业务。相互之间不认识，这在其他行业看来一定是咄咄怪事，但在轨道交通 AFC 行业系统集成业务这里却变成了不正常的一种常态。不认识怎么合作？打价格战就可以肆无忌惮。

“南湖宣言”的达成无疑更具有特别的意义。在“南湖宣言”中，与会代表一致认为当前轨道交通 AFC 系统市场竞争处于一种不健康的状况。既要竞争，也要合作，大家愿意通过成立联谊会进一步加强同行间的沟通与交流，不搞联合体，不搞无利的低价竞争，不诋毁同行声誉，促进轨道交通 AFC 行业的健康发展。作为本次南湖会议的发起人，陈凤敏也是“南湖宣言”的见证人，能够看到行业同仁达成一致，她也深感欣慰。

邓伟就任首届轨道交通 AFC 系统集成商联谊会轮值主席后，凭借一股“初生牛犊不怕虎”的热情和“敢为天下先”的责任心，加上北大方正的底蕴和影响力，组织了多次企业高层间的活动。轨道交通 AFC 系统集成业务的交流变得多了起来。北大方正素来秉承“方方正正做人，实实在在做事”的王选精神，这多多少少赋予联谊会一股正气，行业风气为之一变。陈凤敏在多个场合对邓伟和轨道交通 AFC 系统集成商联谊会报以赞许。在 2014 年 9 月 17 日至 18 日召开的兰州 AFC 论坛上，陈凤敏的发言专门提到了轨道交通 AFC 系统集成商联谊会，希望轨道交通 AFC 行业其他业务也效仿起来，共同推动行业良性发展。

轨道交通 AFC 系统集成商联谊会是陈凤敏为促进行业可持续发展精心谋划的一大妙招，也可视为她因 AFC 论坛发散出来的创造。事实证明，非常有效。

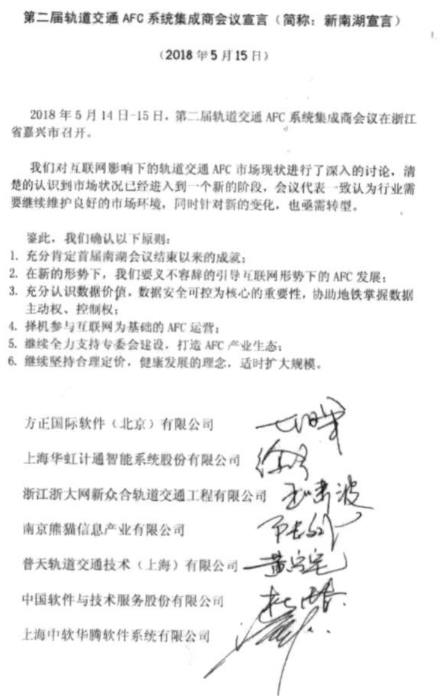
第二届轨道交通 AFC 系统集成商会议宣言（简称：新南湖宣言）

（2018 年 5 月 15 日）

2018 年 5 月 14 日-15 日，第二届轨道交通 AFC 系统集成商会议在浙江省嘉兴市召开。

我们对互联网影响下的轨道交通 AFC 市场现状进行了深入的讨论，清楚的认识到市场状况已经进入到一个新的阶段，会议代表一致认为行业需要继续维护良好的市场环境，同时针对新的变化，也亟需转型。

鉴此，我们确认以下原则：

1. 充分肯定首届南湖会议结束以来的成就；
2. 在新的形势下，我们要义不容辞的引导互联网形势下的 AFC 发展；
3. 充分认识数据价值，数据安全可控为核心的重要性，协助地铁掌握数据主动权、控制权；
4. 择机参与互联网为基础的 AFC 运营；
5. 继续全力支持专委会建设，打造 AFC 产业生态；
6. 继续坚持合理定价，健康发展的理念，适时扩大规模。

方正国际软件（北京）有限公司

上海华虹计通智能系统股份有限公司

浙江浙大网新众合轨道交通工程有限公司

南京熊猫信息产业有限公司

普天轨道交通技术（上海）有限公司

中国软件与技术服务股份有限公司

上海中软华腾软件系统有限公司

fig.4 新南湖宣言

后来（2018 年 5 月 14 日至 15 日），面对互联网来势汹汹的形势，轨道交通 AFC 系统集成商联谊会“G7”还召开了第二次南湖会议“第二届轨道交通 AFC 系统集成商会议”，并发布了第二个“南湖宣言”，陈凤敏都是见证者。第二届南湖会议主要就互联网影响下的轨道交通 AFC 系统市场现状进行了深入讨论，清楚认识到市场状况已经进入一个新的阶段，更加意识到良好市场环境对行业企业发展的重要性。相关的这些内容都被写入了第二个“南湖宣言”。（fig.4，fig.5）

设备制造商联谊会紧随其后

随着轨道交通 AFC 行业第一个联盟组织的成立，加上行业内部也有着改善市场环境的驱动力，轨道交通 AFC 行业其他相关业务也逐步开始筹划联盟联谊起来。

轨道交通 AFC 系统设备是陈凤敏较为看重的一块业务，也是轨道交通 AFC 行业国产化的重点，陈凤敏当年立项研发的多半心血都汇集在这个领域。2015 年 3 月 20 日，在陈凤敏的推动下，15 名来自全国各地的轨道交通 AFC 系统设备制造企业代表齐聚无锡召开了轨道交通 AFC 系统设备制造商联谊会预备会。

fig.5 第二次南湖会议合影

会议气氛很热烈，大家对当前轨道交通 AFC 行业现状各抒己见。在陈凤敏的建议下，15 名代表一致同意成立轨道交通 AFC 系统设备制造商联谊会。与轨道交通 AFC 系统集成商联谊会一样，轨道交通 AFC 系统设备制造商联谊会也实行主席轮值制，每任轮值主席任期半年，首任轮值主席由青岛博宁福田智能交通科技发展有限公司的常务副总经理于爽担任。

预备会结束后，对于设备制造商联谊会如何开展，陈凤敏也比较上心，除了吸收集成商联谊会的一些经验做法，她还想吸收更多先进理念。听闻菏泽牡丹花协会运作得有声有色，虽然行业不同，但应该可以借鉴学习一下，于是陈凤敏给身在山东的于爽打了个电话，说了一下她的想法。2015年4月4日至5日，于爽驾车赶去菏泽，往返1200余公里路程，实地考察了中国国际商会菏泽商会牡丹花分会与菏泽市牡丹花产业协会。在考察的基础上，于爽整理了一份4000余字的《菏泽牡丹花商会调研资料》发给陈凤敏。这份调研资料内容翔实，特别是关于商会制订销售分类标准、设置违约保证金等规范化机制和措施，给后期设备商联谊会运作以很好的借鉴。

在陈凤敏的悉心指导和于爽的精心准备下，2015年5月15日至16日，轨道交通AFC系统设备制造商联谊会第一次正式会议在青岛召开，业界也称之为“青岛峰会”，国内最主要的5家轨道交通AFC系统设备制造商共9位代表出席会议。会议商定了轨道交通AFC系统设备制造商联谊会的目的和宗旨，明确了联谊会的定义和会员资格条件，议定了联谊会的机构设置和自律规范，研究了联谊会的会员合作与信息分享机制，并讨论了下次会议安排等事项。

应该说，会议是很成功的。有了集成商联谊会运作的心得，陈凤敏也更加得心应手一些。此后，在于爽的组织下，设备制造商联谊会的工作步入正轨，青岛博宁福田公司等设备商先后参加了陈凤敏组织的赴欧姆龙上海工厂参观等一系列活动，行业的秩序也得到了一定改善。半年任期届满，2015年9月，青岛博宁福田公司与第二任轮值主席单位上海华铭公司进行交接，他的工作也得到了陈凤敏的高度肯定。（fig.6，fig.7）

联谊会这种机构相对论坛来说比较正式，组织性也比较强，但它终归不是一个实体机构，所以有时候它的运作除了看行业各厂商的热心度，还得看牵头人。陈凤敏尽管是发起人，实质

fig.6 与于爽合影

fig.7 AFC 制造商联谊会轮值主席标志物

上并无相对应的权力去发号施令。

因为各种原因，设备制造商联谊会在 2015 年 10 月后的半年间陷入半停滞状况，工作未能得到有效开展。陈凤敏见状，只得再次联系设备制造商联谊会首任轮值主席于爽。两人于 2016 年 3 月 23 日在上海见了面，陈凤敏表达了设备制造商联谊会需继续开展工作的意见，提出只有同行间多沟通勤走动才能进一步推动行业规范自律，她希望于爽这位首任轮值主席继续推动一下，特别提到北大方正在系统集成商联谊会的带头作用值得学习。于爽对陈凤敏的一番谈话深以为然，第二天，他就专程前往上海华铭公司，拜访了张亮董事长，传达了陈凤敏的意见，也表达了自己的看法。双方就设备制造商联谊会下一步活动安排交换了意见，达成了一定意向。随后，陈凤敏、于爽、张亮等人又陆续联系了设备制造商联谊会的其他成员代表，在征得大家一致同意后，2016 年 4 月 19 日，设备制造商联谊会决定由上海华铭继续履行第二任轮值主席工作至 2016 年 9 月 19 日。（fig.8）

fig.8 AFC 制造商联谊会合影

吃一堑长一智，设备制造商联谊会的工作紧接着就继续开展起来，并取得了巨大成效。2016 年 5 月 26 日至 27 日，上海华铭公司在上海松江组织召开了轨道交通 AFC 系统设备制造商联谊会上海松江（第一次）会议，5 家联谊会成员的 9 名代表出席。会议就轨道交通 AFC 系统设备制造系统在新形势下的发展之路进行了探讨，对联谊会成员间的战略合作事宜进行了交流。值得一提的是，有鉴于设备制造商联谊会此前工作一度停滞，会议特别进一步规范了工作机制，成立了联谊会秘书处，于爽被推选为秘书长，同时还制定了更为详细的开会周期、价格模板、会费缴纳等保障措施。这样一来，设备制造商联谊会的凝聚力更强了。

设备制造商联谊会秘书处成立后，在陈凤敏的指导下，于爽秘书长积极联络诸位会员单位，结合此前工作的积累和学习的经验，于 2016 年 6 月密集出台了《AFC 制造商联谊会会议纪要 (模板)》《AFC 制造商联谊会价格标准格式》《AFC 制造商联谊会行为规范》《AFC 设备制造商联谊会会费收款方式》《AFC

制造商联谊会会费台账》等一系列规定，进一步完善了设备制造商联谊会的组织架构。轨道交通 AFC 系统设备制造商联谊会也由此成为轨道交通 AFC 行业最为规范的联盟机构之一。

2017 年 1 月 9 日至 10 日，上海华铭再一次组织设备制造商联谊会在松江开会，也就是上海松江（第二次）会议。5 家联谊会成员共 12 名代表出席，陈凤敏应邀参加。会上，大家就上海华铭提出的行业合作方案进行了初步讨论，认为设备制造商联谊会现有 5 家成员的结构是比较合理的，需要继续保持紧密联系。同时，这次会议还进一步明确了设备制造商联谊会的工作任务，包括联谊会成员有义务共同推动行业上游单位提高对轨道交通 AFC 系统专用设备制造商的认知，有义务推动建立技术交流和市场行为规范，有义务推动实现轨道交通 AFC 系统专用设备标准化，开展轨道交通 AFC 系统全国通用标准设备的预研。会议还规定了联谊会的提议和决策方式。

上海松江（第二次）会议后，广州广电运通从上海华铭公司手中接过了轨道交通 AFC 系统设备制造商联谊会轮值主席单位的标杆，即第三任轮值主席单位。上海华铭公司在其担任第二任轮值主席单位期间，先抑后扬，为推动轨道交通 AFC 系统设备制造商联谊会的成长起到了巨大作用，设备制造商之间的沟通交流渠道得以完善，推动了整个行业的有序规范发展。这其中，离不开陈凤敏的斡旋之功。

系统集成商、设备制造商的联谊会相继成立之后，在陈凤敏或牵头或建议或敦促或呼吁之下，轨道交通 AFC 行业模块商、设计院等其他领域的联谊会也陆陆续续建立起来，整个行业的发展风气开始转变。（fig.9）

fig.9 AFC 运维企业联谊会合影

应运而生的 AFC 专委会

尽管在陈凤敏及行业各界的共同努力下，轨道交通 AFC 行业相继成立了几个联谊会组织，加上陈凤敏之前为编制标准而发起成立的 AFC 国标组，轨道交通 AFC 行业秩序得到逐步规范，但联谊会的弊端还是比较明显的。

首先，联谊会这些组织终归还不算正式组织，不具有国家社会团体的法人资格，这也是此前有关单位有部分人对陈凤敏从事轨道交通 AFC 行业的法理性提出疑义的关键所在。其次，联谊会之所以称之为联谊会，相对联盟、协会等组织更为松散，对成员单位的约束力不够强，在某种程度上需要依靠单个人的人格魅力或者具有较大影响力的知名企业去组织，这也是轨道交通 AFC 系统设备制造商联谊会一度陷入停滞的重要原因。

最后，随着联谊会的发展，行业间逐步熟络了起来，但是联谊会由于其性质也很难对其发展方向做进一步的筹划。

未来该如何走？这是摆在陈凤敏以及行业各界面前的又一道题。

2016年8月18日，陈凤敏和郑志涛拜访了已是中城协专家委员会执行主任的仲建华。对轨道交通AFC行业组织未来的发展方向，仲建华提了个建议，即仿照单轨专业，成立一个专业委员会。这与陈凤敏的想法基本吻合。（fig.10）

恰在这个时候，中国信息产业商会走入陈凤敏、郑志涛等人的视野。中国信息产业商会？这是一个什么样的组织？

中国信息产业商会（China Information Industry Trade Association，简称CIITA），是1990年5月由与信息产业相关的企事业单位自愿结成的行业性、全国性、非营利性社会组织，其宗旨是以“联合、服务”促进会员单位协同发展，从而推进我国信息产业的发展。自成立以来，中国信息产业商会已发展有十余个分会机构，会员逾千家，在中外信息产业交流与合作、信息产业推广普及等方面做了很多卓有成效的工作，特别是积极参与推动电了商务及“金”系列国家信息化重大工程在中国的开发应用，在国内外都具有一定的知名度和影响力。这是我国信息产业领域的知名协会组织，不仅与美国信息产业协会等国外知名行业协会建立了广泛联系，更重要的是中国信息产业商会具有全国性社会团体法人资格，在民政部备案。

fig.510 2016年在中国轨道交通协会北方交大办公室与时任协会专家委员会执行主任仲建华合影

对轨道交通 AFC 行业来说，重新成立一个具有法人资格的组织，手续复杂倒是其次，事实上也没那个必要。在与中国信息产业商会取得联系之前，陈凤敏他们其实还联系了中城协装备委员会及中国计算机行业协会，但因为种种原因未能达成合作。中国信息产业商会无疑是一个很好的平台，借助它，轨道交通 AFC 行业不仅可以解决自身联合组织身份尴尬的问题，还方便与商会其他领域沟通交流，更好地推进我国轨道交通 AFC 行业健康可持续发展。为此，陈凤敏代表 AFC 国标组与郑志涛等一行骨干和中国信息产业商会取得了联系，咨询了申请加入事宜，得到了中国信息产业商会的肯定答复，并就具体的手续事宜进行了沟通。随后，大家开始向行业各大企业、机构等相关单位广泛征求意见，协商一致后，正式向中国信息产业商会提出申请在商会旗下成立自动收费系统专业委员会，作为商会的分支机构独立运行。

申请递交上去之后，中国信息产业商会很是重视。根据商会章程，申请书经由商会会长办公室会议研究同意后，又召开常务理事会表决，最终获得通过，同意设立中国信息产业商会自动收费系统专业委员会，简称 AFC 专委会。在收到中国信息产业商会回复的同时，陈凤敏和郑志涛等已经开始牵头相关单位发起筹备工作，先后在北京、苏州等地召集开会，部署相关工作，议定新成立的 AFC 专委会组织架构、工作机制等重大问题。

2017 年 6 月 30 日，“中国信息产业商会自动收费系统专业委员会成立暨第一届会员代表大会”在北京召开。随着中国信息产业商会秘书长张安安女士宣读商会批复同意成立函，AFC 专委会正式宣告成立！从此，轨道交通 AFC 行业组织有了一个正式的身份，也标志着行业迈入一个新阶段。（fig.11，fig.12）

*fig.*11 参加 AFC 专委会理事长、秘书长候选人提名会人员合影

*fig.*12 2017 年 6 月 29 日 AFC 专委会成立前一天，筹备组成员拜访中国信息产业商会领导

AFC 专委会的发起单位包括国家电子计算机质量监督检验中心、北京城建设计发展集团股份有限公司、中铁第四勘察设计院集团有限公司、中国软件与技术服务股份有限公司、方正国际软件（北京）有限公司、广州广电运通金融电子股份有限公司、深圳市雄帝科技股份有限公司等全国各地相关的设计院、集成商、设备商、第三方服务机构等 70 余家单位。

作为一个服务于自动收费系统领域的全国性、非赢利性社会组织，AFC 专委会的定位是：以“联合、服务”为宗旨，反映会员和行业诉求，维护会员的合法权益，促进行业自律和规范；

推动会员开展国内外业务交流与合作，研究我国自动收费领域政策、技术、标准等问题，努力促进我国自动收费系统的有序发展，推动技术进步和创新，为我国自动收费系统产业的壮大和发展贡献力量。

根据中国信息产业商会章程，在 AFC 专委会成立大会上，代表们投票选举出第一届理事会，国家电子计算机质量监督检验中心等 25 家会员当选为理事单位。会议还选举出 AFC 专委会第一届领导机构，其中中国软件与技术服务股份有限公司杜潜当选为理事长，国家电子计算机质量监督检验中心罗洪元、北京城建设计发展集团股份有限公司李道全、上海中软华腾软件系统有限公司杨波、上海华虹计通智能系统股份有限公司徐明、浙江浙大网新众合轨道交通工程有限公司吴海峰、广州广电运通金融电子股份有限公司解永生当选为副理事长，北京方卡信息咨询中心郑志涛当选为秘书长，中铁第四勘察设计院集团有限公司杨承东、上海普天邮通科技股份有限公司夏芸、青岛博宁福田智能交通科技发展有限公司于爽当选为副秘书长。一直默默陪伴着、推动着我国轨道交通 AFC 行业发展的陈凤敏，则被会议一致推举为 AFC 专委会名誉理事长，可谓实至名归。而一直以“局外人”身份参与 AFC 论坛等轨道交通 AFC 行业各种大小活动等相关事宜的郑志涛，到此时又新增了一个行业身份，距他进入这个行业的洪流中以来已经过去整整 15 年了。

杜潜理事长在成立大会上作了表态，AFC 专委会将在中国信息产业商会的统筹、领导下，为实现我国轨道交通 AFC 系统事业的发展壮大而努力。此时的陈凤敏，仍然保持着谦逊的作风，她表示，AFC 专委会的成立只是 AFC“长征”的开始，面对“内忧外患”的形势，今后的工作如何开展需要行业认真考虑，积极应对，“挂上‘长’字头衔不是我们的目的”。她敦促AFC专委会成立后尽快捋清理事单位理事长之间分工，积极谋划建立行业规范、完善行业标准，希望AFC专委会在中国信息产业商会的领导下，“不忘初心，砥砺奋进”！

AFC专委会的成立不仅仅是行业内部的一大盛事，交通行业的主管部门交通运输部运输服务司轨道处郑宇处长、负责全国一卡通推广的北京中交金卡科技有限公司李岚副总经理以及中国信息产业商会聂玉春会长都亲临大会，对AFC专委会的成立表示了祝贺，这无疑也进一步扩大了轨道交通AFC行业在信息产业的影响力。特别是在国家“一带一路”战略的大背景下，AFC专委会的成立更有助于行业企业走出国门，迎来全新的发展机遇。

AFC专委会成立后，迅速参与行业相关活动的筹备，包括2017年郑州AFC论坛、2018年合肥AFC论坛的筹办。此外，行业各联谊会也随着AFC专委会的成立逐步改组，按照中国信息产业商会和AFC专委会的相关要求进一步完善相关组织架构和工作机制，先后成立了AFC专委会设备制造商联谊会、AFC专委会运维服务商联谊会、AFC专委会集成商联谊会等联谊会组织。

2019年3月7日，AFC专委会年会暨轨道交通过闸技术经验交流会在海口市召开，中国信息产业商会秘书长张安安、副秘书长陈胜喜出席年会，陈凤敏作为专委会名誉理事长出席。受中国信息产业商会聂玉春会长委托，张安安秘书长在年会上对AFC专委会成立以来的工作给予充分肯定，并提出了制定行业发展新标准、实现行业自律新突破、积极开展活动、依法合规遵守章程制度等方面的意见，对AFC专委会未来的发展进一步指明了方向。

从标准编制组到国标组、到联谊会、到专委会，轨道交通 AFC 行业市场在陈凤敏这个“热心人”的牵头努力下，从无人问津到热闹非凡，一步步走向壮大；从千家混战到握手联谊，一步步走向规范。

AFC 专委会成立报道
中国信息产业商会自动收费系统专业委员会（以下简称“AFC 专委会”，AFC 为“自动收费”之意）是由国家电子计算机质量监督检验中心、北京城建设计发展集团股份有限公司、中铁第四勘察设计院集团有限公司、中国软件与技术服务股份有限公司、广州广电运通金融电子股份有限公司、深圳市雄帝科技股份有限公司等全国各地相关的设计院、集成商、设备商、第三方服务机构共计七十余家单位联合发起成立的，是服务于自动收费系统领域的全国性、非赢利性社会组织。成立于 2017 年 6 月 30 日北京。

作为重庆地铁曾经的掌门人，仲建华一直钦佩陈凤敏在这些年所做的工作。他说：

用户的需求是最基本的，但是要进一步提升，就要去完善，加大创新。这就需要用户和产业化单位相互配合，平台的作用就在于此。但是仅仅有平台还不够，还需要一个热心人 + 明白人，对于轨道交通 AFC 行业来说，这个人就是陈凤敏。在这么多年工作推进中，陈凤敏不仅协助轨道交通 AFC 行业解决了国产化问题、技术含量问题，更关键的是为行业建立了标准规范，如果未来实现国际化，在“一带一路”战略的大背景下，也有助于轨道交通 AFC 行业走出国门……所以一直以来国标编制组，包括我本人参加的国标的编写，甚至从我主编的国标的编写经历来看，陈凤敏老师利用这个平台做的工作远远不只编制标准那么简单，这个意义非常重要。

仲建华如今已是中国城市轨道交通“走出去”工作小组的组长，从“走出去”的这个角度，他在近年来与陈凤敏的沟通中，建议在标准国际化、产品自主化、技术创新化这三个方面持续发力，有利于我国轨道交通 AFC 行业走出国门，打入海外市场。这也是标准编制对提升一个国家核心竞争力的体现，尤其是在当前“一带一路”发展战略的大背景下，更具历史意义。

第九章
开放：两岸四地论坛及国际交流

四叔，你为什么不等到我来看你啊！大陆与台湾两地相隔，活着不能相见，而今见着，却是生死相距，叫不应，也听不着，使人伤心至极！

——陈凤敏

两岸四地 AFC 论坛

在建设部《工程建设国家标准管理办法》所列的七大任务中，第四项是“调查了解国家标准的实施情况，收集和研究国内外有关标准、技术信息资料和实践经验，参加相应的国际标准化活动”。其实即便没有这项任务，以陈凤敏为首的 AFC 国标组也会积极推进国内轨道交通 AFC 行业与国际接轨，尤其在这个行业本身就是国外领先的情况下。

由于港澳台地区轨道交通 AFC 行业发展较大陆早，与大陆在文化、技术方面的共通性也更多，如果能把两岸四地的从业者召集在一起开会交流，不仅能加快推进国内轨道交通 AFC 系统技术的发展与成熟，也能带动国内轨道交通 AFC 行业市场，通过交流还能实现共同进步。

陈凤敏此前曾先后受聘为广州、南京等地轨道交通 AFC 系统专业顾问，加上以前工作上的关系，与港澳台三地的轨道交通公司逐渐建立起联系，其中就包括台湾三商科技发展（南京）有限公司等企业。AFC 论坛成功举办后，随着各地陆续上马轨道交通项目，国内轨道交通 AFC 行业逐步活跃，港澳台地区的同行也开始走动频繁起来。

2007 年 5 月，在 AFC 行业标准颁布后不久，AFC 国标组在重庆市举行了第一届轨道交通 AFC 工程质量验收规范培训暨城市轨道交通 AFC 系统运行经验交流会，当时台北捷运公司的副总经理颜邦杰先生（现任台北捷运公司总经理）以及万惠颐先生（现为台北捷运公司工程师，台湾称“正工程师”）都报名参加。也是在这次会上，他们正式结识了陈凤敏，万惠颐先生形容陈凤敏是一个“学有专精、对工作充满热情又十分和蔼可亲的人”。同年 9 月，第四届 AFC 论坛在广州召开，万惠颐先生更是应邀在会上与大家分享了“台北捷运自动收费系统发展经验”，颇受大陆同行欢迎，可见当时两岸四地对轨道交通 AFC 行业交流的需求之迫切。当陈凤敏抛出举办两岸四地 AFC 行业交流活动的想法时，大家一致响应，当时参会的还有来自中国香港的李仰能先生和澳门运输基建办公室的林瑞海博士等人，当即也表示支持。基于这个共识，两岸四地 AFC 行业交流会的相关工作随即提上了议程。

第一届两岸四地 AFC 论坛是在 2008 年北京奥运会前夕举行的。2008 年 7 月 27 日，应台湾三商科技发展（南京）有限公司邀请，来自北京、上海、重庆、武汉等地轨道交通 AFC 行业的代表团到达台北，参加由台北捷运公司主办的“第一届两岸四地自动收费系统研讨会”，简称“两岸四地 AFC 论坛”。陈凤敏和中国铁路上海通号工程公司的李春、倪成超、徐汉萍四人是上海方面的代表。（fig.1）

会议前后开了差不多 10 天，主题是“21 世纪的自动收费系统新思维新挑战”。在台湾期间，陈凤敏与其他代表除参加论

fig.1 第一届两岸四地自动收费系统技术应用研讨会与会贵宾合影

坛外，还参观了台北捷运票务中心、台北捷运高运量行控中心、台北捷运中运量行控中心、台北票证公司、台北高速铁路行控中心、高雄捷运车站与行控中心等地，听取了台北捷运公司关于灾害应对防务模拟系统的介绍。行程紧凑，这也让陈凤敏他们感受良多。会后还出版了论文集，收入台北捷运自动收费系统更新过程与经验、高雄捷运票证暨票务系统营运现况、NFC 手机之应用与发展、香港公共运输收费系统历史展望、新加坡地铁在新旧自动收费系统无缝接合的经验、澳门轻轨与自动收费系统发展概况、深入剖析地铁维修管理信息系统、台北捷运自动收费系统悠游卡清分稽核机置探讨、台北捷运票卡交易保护机制探讨、台北捷运一日票悠游卡研发及建置、台北猫空缆车自动收费系统之建置等 11 篇论文，可谓成果丰硕。台湾的捷运（即轨道交通）建设较新，管理认真，充分体现了以服务为主导的理念，加上此时台湾捷运日客运量仅 70 余万，远小于上海 300 多万的日客流量，整体给人一种环境舒适、服务到位的感觉。（fig.2）

fig.2-1 黄惠香（左一）陪同参访台北捷运公司，与颜邦杰总经理（左三）等合影

fig.2-2 参访台北捷运高运量行控中心

fig.2-3 参观台北四铁共构换乘站

fig.2-4 参观台湾高雄捷运行控中心

总体来说，第一届两岸四地 AFC 论坛是成功的，也为两岸四地轨道交通 AFC 行业交流开了个好头。论坛的成功举办，也离不开国台办以及各地台办的大力支持与帮助。2009 年 12 月 4 日至 5 日、2011 年 3 月 29 日至 30 日、2012 年 3 月 20 日至 21 日、2013 年 3 月 15 日至 16 日，第二、三、四、五届两岸四地 AFC 论坛先后在澳门、深圳、高雄、香港召开，会议主题分别是“交流、合作，共同促进轨道交通自动售付费系统发展”“轨道交通自动系统技术发展及其对提高运营效益的影响”“如何提升轨道交通自动系统的技术与服务品质”等。像 AFC 论坛那样，两岸四地 AFC 论坛也办成了常态，成为两岸四地行业人士交流合作的良好平台，进一步拉近了两岸四地行业间的距离，也有力推动了国内轨道交通 AFC 行业的发展。（fig.3）

fig.3 第三届两岸四地研讨会，左六为港铁陈慕廉博士

第六届两岸四地 AFC 论坛是与第十一届 AFC 论坛在兰州同期举行的，所以这届会议的全称也叫“第十一届城市轨道交通自动售检票（AFC）系统技术应用研讨会暨第六届两岸四地轨道交通技术交流会”。论坛专门开设了“两岸四地经验交流”“两岸四地技术交流”等话题和两岸四地互动分论坛，吸引了台北、高雄、香港和澳门的轨道交通 AFC 行业代表出席。

隔着海峡的亲情

对陈凤敏来说，举办两岸四地 AFC 论坛除了行业交流，还具有另一重特别的意义，那就是陈凤敏的四叔陈成福。

陈成福年轻时在国民党军队里当驾驶员，去过琉球等地，穿着洋气、谈吐有料。陈凤敏在上海虬江路读书的那段时间，陈成福曾短暂落脚上海，住在陈凤敏家里，两人关系甚笃。陈凤敏现在回忆起来，四叔当年在上海开过66路公共汽车，“我乘到他的车，一般都坐在他的驾驶座后面。四叔待我很好，除了教我读书写字还带我玩。记得有一次从城隍庙玩回来，家人给我买了一只纸做的老鼠，纸老鼠肚里有绕线团，上下牵动从鼠背上穿出的线，就好像这只鼠在地上跑，乘在四叔开的66路车上，一个急刹车，手中的老鼠掉地上滚跑了，弄得大家满地找。”满满的都是美好的回忆。

1948年夏天，陈成福随国民党军队一起撤退去了台湾，从此音信全无，与家人的联络中断了数十年之久。

2007年1月底2月初，作为两岸四地AFC论坛发起人之一[31]，陈凤敏被邀请去台湾考察，安排落实第一届两岸四地AFC论坛相关筹备工作。在好友黄惠香的协助下，陈凤敏参访了台北、高雄等地的捷运系统。工作结束后，陈凤敏要求给点私人时间去探望一下在台湾的四婶、堂妹和堂弟。更为重要的是，她想去“拜访”四叔，以了却心中多年的夙愿。（fig.4）

通过朋友帮忙和联系，陈凤敏在堂妹陈芝蓉家见到健在的四婶。“她老人家虽然耳朵不好，但眼睛还好，堂妹说她看电视主要看字幕。因为我是匆忙到访，没准备礼物，就给了四婶五百美元，以示孝敬。”而四叔已

31. 两岸四地轨道交通自动系统技术交流研讨会发起人有大陆AFC国标管理组陈凤敏、台湾台北捷运公司总经理颜邦杰、香港原港铁资深顾问李仰能博士、澳门基本建设办公室林瑞海博士。

fig.4 与好友黄惠香（左）合影

经不在人世了。经四婶同意，陈凤敏在堂妹的陪同下前往阳明山墓地祭拜四叔。“刚开始，我心里还比较平静，先是请香，后又上烛，但见到四叔的遗像后，我的泪水再也止不住，夺眶而出，口里呼喊着：‘四叔，你为什么不等到我来看你啊！’大陆与台湾两地相隔，活着不能相见，而今见着，却是生死相距，叫不应，也听不着，使人伤心至极！”

在堂妹的劝慰和搀扶下，陈凤敏他们缓缓离开墓地。陈凤敏不时回望，心想，这一别，又不知何日才能再来！堂妹也很无奈，只淡淡地说，知道你和我爸很好。

虽然此前陈凤敏四叔曾携家人回过大陆省亲，但一家人最初的想法是前往台湾看望四叔，这也是陈凤敏父亲的心愿。没想到这个愿望实现起来会是如此的艰难，待到陈凤敏这次成行时，四叔却已不在了，无疑让人悲伤。（fig.5）

那是 1979 年上半年，大陆率先开办了对台平信业务，海峡两岸的关系开始逐步解冻（台湾当局后于 1988 年 3 月宣布可通过台湾红十字组织经香港邮局给大陆亲友转寄信件，1989 年 6 月启动直邮；1997 年 4 月 29 日，厦门轮船公司“盛达轮”试点直航高雄港，正式结束海峡两岸 48 年来商船不直接通航

fig.5-1 在台湾看望四婶时留影

fig.5-2 在台湾下榻的酒店与四叔儿女合影

的历史）。在这种背景下，两岸亲友开始陆陆续续探亲，一向胆子较大的陈凤敏四婶在1984年率先回了一次大陆，与家里人取得了联系，见了面，四叔一家的情况到这时才算基本对上号了。包括陈凤敏的堂妹陈芝蓉、堂弟陈秉台在台湾出生，都是后来才知道的。

fig.6 中国民主建国会上海市委科技工作委员会副主任工作证

那时候两岸关系仍在模棱两可之间，陈凤敏父亲思弟心切，曾认真地和陈凤敏讲：“我年纪大，去台湾有困难，希望你能替我去看看四叔。”父命难违，陈凤敏即照着他的要求，于1987年11月14日向单位人事部门提出申请，并领填了赴台探亲表。然而，等了很久陈凤敏才得到一个“三等亲不能直接赴台探亲”的回复，陈凤敏父亲虽属于二等亲却难以成行，只能暂时作罢。

还在吴淞化工厂的时候，1984年12月17日，陈凤敏申请加入了中国民主建国会，除了自身参政议政和思想觉悟的原因外，寻访在台湾的四叔也是原因之一。陈凤敏后来从会员、支部主任直至升任中国民主建国会上海市委科技工作委员会副主任。（fig.6）

常言道，大陆和台湾，两岸一家亲，“打断了骨头还连着筋”。“父亲急盼着见四叔，四叔又何尝不想呢？”1984年陈凤敏四婶来大陆探亲回台后，随着政策的不断松动，两岸往来变得比以前频繁也容易些了。1991年3月23日，陈凤敏四叔、四婶带着从未谋面的堂弟（陈秉台），风尘仆仆来到大陆探亲，此时距离陈凤敏四叔离开大陆已经43个年头。岁月悠悠，幼年已变中年，青年也已耄耋，足足两代人的岁月。（fig.7）

当时的中国台湾，与韩国、中国香港、新加坡并称亚洲四小龙，经济处于高速发展时期，相对于国内，“一看就知道，不管四叔他们在台湾生活得怎么样，但至少比我们生活要富裕”。陈凤敏四叔他们体恤家人，想到有好几个兄弟和一大群侄儿侄女，绞尽脑汁，千方百计，出发前把能想到的、能带的，都尽可能带上。“四叔四婶给各家分别都送了一百美元、金戒子、金耳环，还有衣服、裙子，甚至电话机等，最后还不忘把购买大件的指标给堂房大哥（陈秉才）买电视机。陈秉才大哥家里至今还保留着买电视机的这张发票。”陈凤敏回忆道。

久别重逢是幸事也是喜事！从前是在海峡两岸举目张望，如今当面见了亲人，都非常激动，也很感慨，聊起家长里短，苦乐酸甜，别是一番滋味。在一番寒暄问候各家的生活和居住状况之后，四叔专门问起了陈凤敏的工作。当时正在参与上海地铁 AFC 系统设备研发项目的陈凤敏志气满满：“如果项目做得好，争取让国外的地铁也装上我们的设备。”四叔听后爽朗地笑了，说：“看来你还是个野心家啊！”

从 1991 年的 3 月 23 日到 4 月 12 日，陈凤敏四叔一家在大陆待了整整 20 天。他们从上海到温州乡下老家，寻亲访故、祭扫祖墓、修缮老屋，片刻不停，43 年的岁月恨不得在这 20 天里再重温一遍。这种情怀，不身处其中肯定不能明白。

四叔回台湾后，陈凤敏与其书信不断，这种情景，就好像著名诗人余光中在《乡愁》一诗中所表达的情感：

小时候，
乡愁是一枚小小的邮票，
我在这头，

fig.7-1 1991年3月23日晚于上海虹桥国际机场接首次回大陆探亲的四叔，四叔与大学毕业的陈凤敏和陈美玲（左一）合影，说："你们俩给陈家争光了！"

fig.7-2 四叔的儿子陈秉台（中）与父亲一起回大陆探亲

fig.7-3 四叔探亲结束，与众家人在树下话别（左起：二妹夫、美玲、父亲、四叔、攸祥、二伯母、五叔、秉才哥，陈凤敏摄）

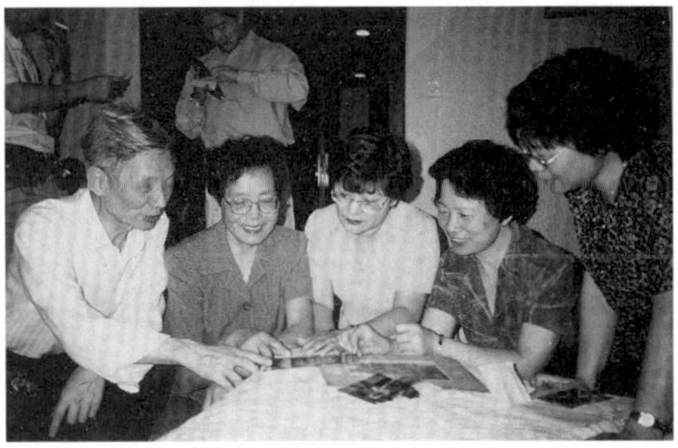

fig.7-4 2000年5月四叔的女儿陈芝蓉（中）来上海与堂兄、堂姐相聚

母亲在那头。

长大后，

乡愁是一张窄窄的船票，

我在这头，

新娘在那头。

后来啊，

乡愁是一方矮矮的坟墓，

我在外头，

母亲在里头。

而现在，
乡愁是一湾浅浅的海峡，
我在这头，
大陆在那头。

陈凤敏和四叔也用一张张“邮票”寄托思念的亲情。陈凤敏说：“四叔在书信中说，他每天下班回家，第一件事就是打开信箱，‘看看有没有凤敏的来信’。四叔还不定期地给我寄报纸、杂志、书籍，包括台湾出版的《时代周刊》，大开本、印刷精致、内容多样、画面精美，还有著名作家席慕容的小说，以及医治跌打损伤的推拿书等，不一而足。”

这种通信时间长达一年多，陈凤敏与四叔的情感愈加深厚。然而天有不测风云，一天，陈凤敏突然接到台湾的堂弟陈秉台打来的电话：“姐姐，我爸爸没了！”这消息犹如晴天霹雳，陈凤敏简直不敢相信。话还没问完，陈凤敏就嚎啕大哭起来。“姐姐别哭。爸爸是因为车祸而过世的……”

一别 43 年，匆匆一见之后，又遭此变故，亲切的四叔就这样再也见不到了。陈凤敏心痛如绞，心如刀割。直到 2007 年这次陈凤敏作为两岸四地 AFC 论坛的发起人之一，因工作关系最终实现了父亲当年的心愿，然而四叔斯人已去，陈凤敏能做的只是到他的坟前祭拜。“后来啊 / 乡愁是一方矮矮的坟墓 / 我在外头 / 四叔在里头。”命运如此，情何以堪。

有着四叔及其家人的这层关系，两岸四地 AFC 论坛之于陈凤敏而言也就多了一分特别的意义。正如两岸四地的“一家人”关系，亲情的纽带，让大家共成长，同进步。

国内外调研与取经

除了建设部《工程建设国家标准管理办法》所列的七大任务要求，AFC 国标组根据建设部标准司规范处 2004 年 8 月《复函》，“出国考察国外标准情况，有利于提高标准的编写质量”，自 2004 年起，先后组织轨道交通业主单位和标准参编单位前往法国和葡萄牙（2004 年 11 月）、台湾（2008 年 7 月）、俄罗斯和芬兰（2009 年 5 月）、日本（2011 年 1 月）、加拿大（2013 年 3 月）、澳大利亚（2016 年 5 月）等国家和地区调研学习取经，给行业带来了宝贵的收获。（fig.8）

在 2008 年、2009 年组织两次赴北京考察调研后，应各方要求，由国标组组长陈凤敏牵头组团，于 2009 年 5 月 29 日至 6 月 7 日，组织轨道交通业主单位和标准参编单位赴俄罗斯、芬兰考察调研，成员包括上海、重庆、北京、成都、广州等地的轨道交通公司和单位。本次俄罗斯芬兰考察活动为期 10 天，在俄罗斯，陈凤敏一行重点考察了莫斯科市地铁和票务系统及运营管理、圣彼得堡市地铁和票务系统；在芬兰，陈凤敏一行重点考察了赫尔辛基地铁和票务系统，以及芬兰坦佩雷 UPM 公司 RFID 票证制作及其在轨道交通中的应用，考察团还就相关问题与接待方开展交

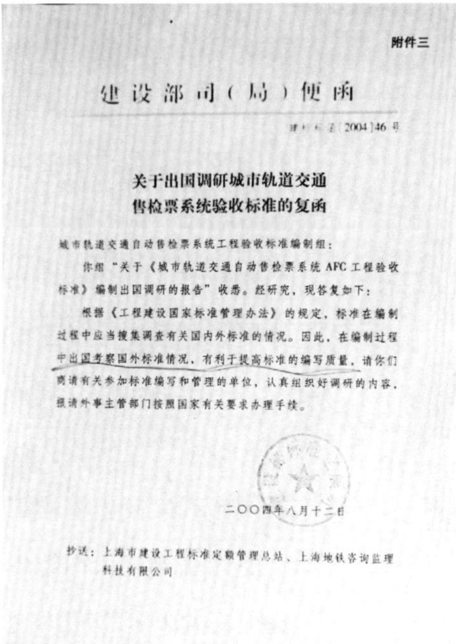
附件三

建设部司（局）便函

[illegible][2004]46号

关于出国调研城市轨道交通售检票系统验收标准的复函

城市轨道交通自动售检票系统工程验收标准编制组：

你组“关于《城市轨道交通自动售检票系统 AFC 工程验收标准》编制出国调研的报告”收悉。经研究，现答复如下：

根据《工程建设国家标准管理办法》的规定，标准在编制过程中应当搜集调查有关国内外标准的情况。因此，在编制过程中出国考察国外标准情况，有利于提高标准的编写质量，请你们商请有关参加标准编写和管理的单位，认真组织好调研的内容，报请外事主管部门按照国家有关要求办理手续。

二〇〇四年八月十二日

抄送：上海市建设工程标准定额管理总站、上海地铁咨询监理科技有限公司

fig.8 住建部关于出国考察的批复

流研讨。在考察调研、交流学习的基础上，考察团形成了调研报告，并在当年 8 月成都第六届 AFC 论坛进行了汇报，分享了收获与体会，让轨道交通 AFC 行业的从业者了解了俄罗斯和芬兰行业的先进理念和知识。

首次俄罗斯芬兰之行，AFC 国标组访问团成员感受比较大的有两点：一是清晰认识到交通行业正趋向采用成本很低的一次性发行非接触式票据，不仅为乘客提供便利，还能收集更全面的数据，并建立更为灵活的定价结构；二是莫斯科地铁庞大的线网体系及与之相对应的 AFC 系统和运营管理经验，一直以来都是让国内同行心仪并渴望学习和借鉴的，这次考察团正好给大家近距离体验了一次，受益匪浅。（赴俄罗斯、芬兰调研考察报告全文见本章末二维码）

因手机支付在 AFC 行业的兴起，为了更多了解和掌握相关前沿技术，2011 年 1 月 10 日至 19 日，由国标组组长陈凤敏牵头，再次组织部分地铁公司、标准修编单位和 AFC 系统集成商等相关单位一行共 16 人赴日本考察调研。该次日本之行重点考察调研的是日本轨道交通手机支付、AFC 系统设备及票务运营管理，这与当时国内智能手机时代来临以及部分轨道交通城市（如上海、广州、深圳等地）开始尝试研究和推进手机支付应用的大背景息息相关，而日本在这方面已经有一定的经验积累。

10 天时间里，访问团一行先后前往日中铁道友好推进协议会、日本信号株式会社、JR 东日本公司、东京地铁车站、日本信号株式会社宇都宫工厂、JR 东日本新干线、高见泽公司、富士通先端科技公司等处考察交流，又实地探访了札幌、函馆、登别、大阪等地轨道交通车站了解学习票务系统、AFC 系统设备和手机支付情况。

在这 10 天里，考察团体验最深的还是日本轨道交通人性化的设计与服务。在轨道交通 AFC 系统技术方面，国内很多领域并不逊色，但在轨道交通 AFC 系统设备的设计、生产工艺、维护、维修等方面却有很多值得学习的地方，比如所有车站 TVM（自动售票机）一致的外观和操作界面、人性化的摆放位置、统一的机内结构和模块等。

手机支付是此行考察的重点。当时日本手机支付是以 Felica 芯片和 i-mode 为基础的，其中 Felica 芯片以日本铁路为代表，类似国内的储值卡芯片；i-mode 是互联网下的新模式，便捷实用，在日本更受欢迎，二者结合使手机可以查看账户信息，并通过互联网和终端机进行充值、消费。这种简单实用的模式，既充分发挥了手机的通讯功能和对卡信息的读取功能，又把手机支付卡和移动 SIM 卡完全分离，使二者在业务上既相对独立，又能互利共赢，从而化解了地铁运营公司与移动通讯公司之间的技术难题和商务难题，推动了日本轨道交通出行的变革。日本手机支付模糊了金融、交通、通信之间的界线，形成其特有的市场模式，也形成了产业共赢、行业联合、资源共享、标准统一的局面，联想到当时国内金融、交通、通信等各方各自为政分头出击的现状，无疑给考察团成员以深刻的启示。（赴日本调研考察报告全文见本章末二维码）

在当年 11 月第八届南宁 AFC 论坛上，考察团也汇报了这次日本之行的收获，陈凤敏在会上还专门对手机支付的情况作了分析。应该说，这次日本之行，为国内轨道交通 AFC 系统开启手机支付功能"推波助澜"，带来的不仅仅是手机支付的功能和案例，更是手机支付的一种理念。随着后来智能手机和移动支付功能的飞速发展，国内轨道交通手机支付功能便如星火燎原，如火如荼地开展起来了。

为进一步完善 AFC 国标在检验检测方面的需求，2013 年 3 月 17 日至 27 日，陈凤敏又牵头组织 AFC 国标组相关成员前往加拿大考察轨道交通及售检票系统建设和运营情况，考察团先后参访了温哥华、多伦多、渥太华、蒙特利尔、魁北克等地，与蒙特利尔 STM 公交公司技术管理人员进行了交流，并前往地铁维修车间、地铁站和检测中心进行实地考察。这次考察对加拿大城市轨道交通进行了一次全面而系统的学习，考察成果也在当年 10 月第十届重庆 AFC 论坛上进行了分享。轨道交通 AFC 系统在某种程度上是一种“舶来品”，无论是前期的研究、研发，还是后期的交流、研讨，陈凤敏都不忘加强国内外行业间的沟通合作，取人之长补己之短，绝不闭门造车。而且陈凤敏组织的很多考察交流都非常具有前瞻性和针对性，对当时及下一个阶段国内轨道交通 AFC 行业的发展都具有较大的引领和借鉴作用。（赴加拿大调研考察报告全文见本章末二维码）

TIÊU CHUẨN QUỐC GIA NƯỚC CỘNG HOÀ NHÂN DÂN TRUNG HOA

QUI PHẠM NGHIỆM THU CHẤT LƯỢNG CÔNG TRÌNH HỆ THỐNG THU VÀ KIỂM TRA VÉ TỰ ĐỘNG CỦA ĐƯỜNG SẮT THÀNH PHỐ GB 50381-2006

CODE FOR CONSTRUCTIONAL QUALITY ACCEPTANCE URBAN RAIL TRANSIT AUTOMATIC FARE COLLECTION SYSTEM ENGINEERING

GB 50381-2006

Bắc Kinh 2006

fig.9 *AFC* 标准被越南河内“吉灵—河东”轻轨线采纳执行

在当前“一带一路”发展的大背景下，陈凤敏牵头的行业国际交流合作，也给国内轨道交通 AFC 行业企业带来了走出国门的战略眼光和市场机会。这里面，北大方正已率先打入国际市场，先后参与了迪拜棕榈岛线、越南河内地铁等线路的 AFC 系统项目，其他企业也紧锣密鼓跟进。（fig.9）

轨道交通 AFC 系统在国内发展的时间不长，也不短。看似不经意，而所谓的“水到渠成”，这一切似乎都是在陈凤敏这个半辈子花在轨道交通 AFC 系统事业中的这些行动之后的“顺其自然”……

赴俄罗斯、芬兰调研考察报告

为了更好的实现城市轨道交通网络化管理，并了解 IC 卡车票的实地应用情况，进一步提高电子收费系统的效率，如期完成《城市轨道交通自动售检票系统工程质量验收规范》（国标）的修订工作，应各方要求，于 2009 年 5 月 29 日至 6 月 7 日，组织由业主单位和国标修编单位参加赴俄罗斯、芬兰考察调研活动，本次考察活动为期十天。

赴日本调研考察报告

根据各方要求并征得相关领导认同，《城市轨道交通自动售检票系统工程质量验收规范》国家标准管理组于 2011 年 1 月 10 日至 19 日，组织部分地铁公司、国标修编单位和 AFC 系统集成商等相关单位一行（共 16 人）赴日本就手机支付、AFC 设备以及票务运营管理等方面进行了为期十天的赴日实地考察调研。

赴加拿大调研考察报告

为使《城市轨道交通自动售检票系统工程质量验收规范》（国标）的制订和执行紧跟自动售检票（AFC）系统技术的发展和应用，以及希望了解、掌握更多国标上有关 AFC 等机电设备性能、质量的检验检测标准和认证，经过多方咨询并应加拿大蒙特利尔地铁（STM）的邀请，国标组于 2013 年 3 月 17 日—27 日组织一行 10 人的考察团到加拿大访问，对加拿大城市轨道交通和售检票系统的建设运营情况及检验认证的规范、标准进行了为期十天的考察调研。

尾声

如今的陈凤敏，依旧在为轨道交通 AFC 行业而四处奔忙。

2016 年 10 月 27 日，陈凤敏去外地出差，像往常一样在虹桥机场贵宾厅候机。一次去取茶水饮食的不经意间，陈凤敏一眼瞥见一位满头银发、气质不凡的老人，难道是著名艺术家、演员，也是她的偶像秦怡老师？出于礼貌，她一开始不敢随便“搭讪”，但最终还是鼓足勇气上前，低头轻声问道：“您是不是秦怡老师？”

老人一脸茫然：“你是……”

“我是上海地铁的陈凤敏，今天正好出差，很有幸见到您。”

陈凤敏一看确实是偶像秦怡老师本人无疑了，便急忙讲述自己“追星”的经历，特别是说起秦怡老师在青海湖边自编、自导、自演电影《青海湖畔》的情景。讲到精彩处，陈凤敏动情地说：“您是我们学习的榜样！”

当时秦怡老师是打算前往某地参加电影界的一个会议，也很随意，和她拉起了家常，还说起《青海湖畔》拍摄的事情：天寒地冻，脚受到风寒，以至于现在走路还不利索；因为投资不多，有些重要角色只能请学生来演。说者无心，听者有意。陈凤敏不禁暗自感叹：“哪一行都有哪一行的难处。”交谈之余，陈凤敏不忘和秦怡老师合影留念，没想到合影后广播就催报登机了，二人匆匆道别。秦怡老师的平易近人让陈凤敏念念不忘。

吴祖光在随笔《秦娘美》里曾这样写道：“秦怡具有中国妇女的传统美德，身处逆境而从不灰心丧志，能够以极大的韧性迎接苦难克服苦难，永远表现为从容不迫。”对待演出，秦怡有一

偶遇秦怡老师

种执着与认真，她是一名真正的演员，无论是什么角色，总是设身处地，精益求精。正是这份执着和认真，换来她在事业上的成功。

“这一生中，你遇见怎样的人，然后就有机会成为那样的人。”当时已是 94 岁高龄的秦怡老师正在主演《青海湖畔》，这是一部反映青藏铁路建设的影片，波澜壮阔，意义非常。参演这部电影，秦怡老师是为了一个情怀；陈凤敏对于轨道交通 AFC 事业的追求，又何尝不是！

附录

陈凤敏大事记

1940 年，12 月 1 日，出生于浙江省乐清市福溪乡福溪村，由父取名陈凤敏

1947 年，随母抵沪，寄住于父亲工作的修理工场

1950 年，家迁虹口区东宝兴路

1952 年，就读虬江路小学三年级

1955 年，小学毕业，考入和田（阗）中学

1958 年，初中毕业，保送同济大学工农预科（高中）

1960 年，预科毕业，直升同济大学机电系无线电班，课余兼任同济广播台机务，系该校广播台首位女机务

1965 年，大学毕业，分配到上海市城市建设局（后改为上海市市政工程管理局）隧道处隧道设计院

1966 年，“文化大革命”中下放劳动

1974 年，落实“知识分子”政策，安排到上海市政工程研究所仪表科，后调到吴淞化工厂

1982 年，与同济大学无线电教研室合作，研制完成“DJX-2 型电极压放监视仪”，并在次年化工部黄山会议作交流

1983 年，9 月 29 日，由上海市化工局评为工程师

1984 年，12 月 17 日，加入中国民主建国会

1985 年，4 月，回上海市市政工程局（原城建局）工作，由组织安排进入新组建的上海市地铁公司上班，工号 14

1986 年，5—6 月，参与中国香港地铁顾问团和日本国际事业协力团（JICA）开展的“上海市快速铁路建设计划可行性调查”

1987 年，上海市第一条地下铁道可行性研究报告上报国务院，经专家评审，将 AFC 系统列为“缓上”项目，遂接受王振信总工“缓上，不等于不上”的指示，着手调研国内厂家、研究所，探索 AFC 设备自主研发的可行性之路

1988 年，6 月，独自整理并编写完成 5 万余字的《上海地铁自动售票自动检票设备研制项目开题论证报告》

1989 年，2 月，AFC 系统项目通过上海市科委评审，并被列为市委“七五”

科技攻关项目（编号：888420503），系该项目承担单位上海地铁公司的项目负责人，参与研究和攻关

4月17—25日，组团考察新加坡首条地铁，该线的AFC系统设备系由美国Cubic公司提供

11月，代表甲方课题组向市科委、市地铁指挥部、市政局科技处汇报“AFC研制课题”第一阶段样机机芯完成情况

1990年，3月，《“新加坡地铁的售票检票自动化系统”考察报告》一文在《地铁与轻轨》发表

1991年，2月，《地下铁道无线通信系统》一文在《电信快报》发表

5月，《上海地铁售检票研制成功》一文在《上海建设科技》发表

1992年，3—4月，受聘于广州地铁，参与广州地铁1号线AFC项目谈判

1993年，1月13日，由上海市市政工程局评为高级工程师，并颁发证书

4月23日，“上海地铁售检票系统设备研制及应用”（样机）项目获上海市市政工程局“科技进步一等奖”（第二完成人）

10月，“上海地铁售检票系统设备研制及应用”（样机）项目被评为“上海市科委科学技术进步三等奖”(第二完成者)

12月，接受《世界科学》杂志记者江世亮专访，翌年1月，该杂志刊文《锲而不舍，终有所成》，介绍陈凤敏研发AFC系统设备的经过

1994年，9月，“地铁车站(站厅、站台)乘客行程轨迹分析研究”项目获“上海市科技成果完成者证书”（第一完成人）

9月，上海市地铁工程建设指挥部合同委托华东计算技术研究所完成《上海市地下铁道1号线自动售检票系统可行性研究报告(代初步设计）》，系甲方项目负责人，参与并完成研究报告编写的相关任务

9—11月，上海地铁1号线引进AFC系统项目被批准后，率先提出建议并组织美国、法国、日本投标商在上海地铁1号线万体馆站举办AFC设备展示活动，取得较好效应

1995年，6月，参加与美国Cubic公司关于引进AFC系统设备的技术谈判

9月，“上海地铁售检票系统设备研制及应用（中试）”项目获上海市科委颁发的“上海市科技成果完成者证书”（第二完成人）

12月，任中国民主建国会上海市委员会科技工作委员会副主任

1996年，9月7日，信呈上海市长徐匡迪，陈述AFC系统项目研发经过、存在问题及意见，并提出建议

1997 年，1 月，上海市地铁公司与上海邮通公司签订协议书，将自主研发的 AFC 系统设备以 120 万元价格转让给该公司，用于继续国产化进程

5—6 月，引荐并促使上海邮通在多方协助下，与日本信号株式会社合作生产制造出 AFC 产品样机

10—11 月，随单位组织的 AFC 设备引进项目组赴美国 Cubic 公司作为期三周的设计联络

1998 年，4 月，主持编译我国第一本系统介绍付费卡技术的专著《多模式交通付费卡系统》，由上海科学技术出版社出版

1999 年，3 月 1 日，由美国 Cubic 公司引进的 AFC 系统设备在上海地铁 1 号线全线开通运行，作为项目组成员，全程参与该工程的施工、设备安装、调试开通

2000 年，12 月 1 日，从上海地铁运营公司票务分公司退休

2001 年，5 月，受聘于上海地铁监理公司

9 月，赴重庆，随上海地铁监理公司监理部人员考察重庆市在建的轻轨工程项目

9 月，在地铁运营公司主管部门的鼓励与支持下，主编出版供轨道交通行业内交流的《自动收付费卡系统》一书

12 月，应邀赴韩国考察三星公司

2002 年，4—5 月，作为南京地铁 1 号线 AFC 系统专业技术顾问，随团考察美国 Cubic 公司和法国泰雷兹（THALES，原 CGA）公司

12 月 17 日，父亲陈成达病故，享年 88 岁

2003 年，3 月，参加重庆轻轨 2 号线（较新线）设计评审会，通过介绍上海地铁 1 号线 AFC 研发、引进的实际经验，力陈 AFC 系统在轨道交通收费中的重要作用，获得相关领导认可，重庆首条轻轨线路因而由原定的“人工售检票”设计方案变更为自动售检票设计

4 月，任职重庆轻轨“较新线一期工程”AFC 项目总监 / 专业技术顾问

在监理和验收重庆首条轻轨线路 AFC 系统项目过程中，发现行业标准缺失，遂向相关领导提出申请编制 AFC 系统国标的意愿

2004 年，春夏之交，率先提出编制国标《城市轨道交通自动售检票（AFC）系统工程质量验收规范》的申请，获得国家建设部批准并立项

10 月 15 日，在重庆举办的第一届 AFC 论坛上，发表《标准就是法式，标准就是依据》的主旨演讲

2005 年，6 月 25—26 日，在南京举办的第二届 AFC 论坛上，就 AFC 系统

在轨道交通的“脸面”作用和如何做大做强，作了中心发言

2006年，6月16日，值大连举办第三届AFC论坛之际，牵头组织编制的《城市轨道交通自动售检票（AFC）系统工程质量验收规范》（国标）宣告完成

6月19日，经建设部批准，《城市轨道交通自动售检票（AFC）系统工程质量验收规范》（GB 50381—2006）（国标）颁布，并于同年11月1日实施

8月28日，建设部标准司批准同意成立《城市轨道交通自动售检票（AFC）系统工程质量验收规范》国家标准管理组，任组长

10月24日，母亲缪桂香病故，享年85岁

10月27日，由AFC国标组出面，在北京举办了《城市轨道交通自动售检票（AFC）系统工程质量验收规范》（国标）首次宣贯会，并就如何推动我国城市轨道交通AFC系统国家标准的落地发表讲话

11月，接受建设部规范处领导指示，牵头筹备《城市轨道交通自动售检票（AFC）系统工程质量验收规范》（国标）（操作手册）的编制

11月，率国标编制组成员考察法国、意大利、葡萄牙

12月，率团赴日本考察，访问日本凸版印刷株式会社、日本信号株式会社

2007年，1—2月，应邀访问台北捷运公司和台北智慧卡票证公司，其间拜见了生活在台北的四叔家人

5月，组织召开AFC国标培训及经验交流会，分析总结国内轨道交通AFC行业在发展、管理方面与国际先进水平的差距，并提出相对应的思考意见

9月19—20日，在广州举办的第四届AFC论坛上，呼吁在轨道交通AFC系统建设与运行中引入RAMS管理，以提升该系统的社会效益和经济效益

10月，组织起草编制《城市轨道交通自动售检票（AFC）系统工程质量验收规范》（国标）（操作手册，后改名为实施指南）

2008年，7月27日，倡议举办两岸四AFC论坛，以推动我国各城市轨道交通AFC行业的交流与发展，首届论坛在台北举行

9月，牵头并组织编制的《城市轨道交通自动售检票（AFC）系统工程质量验收规范》（实施指南）由中国计划出版社正式出版

9月11—12日，第五届AFC论坛在西安举办，围绕“轨道交通

2012 年 11 月陈凤敏以第二作者的名义发表在法国《*Le Rail*》杂志上的专业论文《中国轨道交通发展史》

AFC 系统技术的自主创新与发展”发表主题演讲

2009 年，3 月，根据建设部关于《2008 年工程建设标准规范制订、修订计划》的通知（建标 [2008]102 号文）的要求，针对 GB 50381—2006 提出修订编制

5 月 29 日—6 月 7 日，率团考察俄罗斯、芬兰和我国的北京地铁路网中心

8 月 12—13 日，在成都举办的第六届 AFC 论坛上，重申“发展与自主创新既是国家的强国之路，也是我们轨道交通行业持续发展的支柱”

2010 年，1 月 15—16 日，第二届两岸四地 AFC 论坛在澳门举办，就如何促进轨道交通自动收费系统发展与合作，进行宣讲、交流

5 月，领衔并组织完成的《城市轨道交通自动售检票（AFC）系统工程质量验收规范》（GB 50381—2010，即 GB 50381—2006 修订版）（国标）经住建部批准发布，并于当年 12 月 1 日实施

8 月 18—19 日，第七届 AFC 论坛在昆明举办，对票务中心的功能定位及实施展开交流、分析、探讨，从而寻找解决之道

2011 年，1 月，组织国标参编单位人员考察日本手机支付项目

3 月 29—30 日，第三届两岸四地 AFC 论坛在深圳举办，就“轨道交通自动收费系统技术发展及其对提高运营效益的影响”展开了讨论

10 月，组织国标组成员考察台北捷运公司

11 月 9—10 日，在南宁举办的第八届 AFC 论坛上，围绕“手机

支付技术在轨道交通领域中的应用”提出思考意见

2012 年，3 月 20—21 日，第四届两岸四地 AFC 论坛在高雄举办，就如何提升轨道交通自动系统的技术与服务品质进行了探讨

9 月 20—21 日，在贵阳举办的第九届 AFC 论坛上，就“检测验收在轨道交通自动收费系统中的重要性”作了发言

2013 年，3 月 15—16 日，出席在中国香港举办的第五届两岸四地 AFC 论坛，并就推进我国各城市轨道交通 AFC 系统技术的发展与合作提出设想

3 月 17—27 日，组织 AFC 国标组成员赴加拿大，就 AFC 系统建设、运营及检测认证规范等作考察

10 月 16—17 日，第十届 AFC 论坛在重庆举办，“回顾论坛十年历程，展望未来之路”

2014 年，4 月 27 日，组织召开首届轨道交通 AFC 系统互联互通技术交流会（即第一次南湖会议），并就成立轨道交通 AFC 系统集成商联谊会进行磋商，会后发布了“南湖宣言”

9 月 17—18 日，第十一届 AFC 论坛暨第六届两岸四地 AFC 论坛在兰州举办，再次强调 AFC 行业无序竞争的危害及合作共赢的意义

2015 年，3 月 20 日，组织轨道交通 AFC 系统设备制造企业代表在无锡开会，并成立了轨道交通 AFC 系统设备制造商联谊会

4 月，根据住建部印发标准规范制订、修订计划的通知（建标 [2014]189 号）文的要求，主持并组织对《城市轨道交通自动售检票（AFC）系统工程质量验收规范》（GB 50381—2010）（国标）的修订

5 月 15—16 日，应邀出席在青岛召开的轨道交通 AFC 系统设备制造商联谊会第一次正式会议，并作指导

9 月 16—17 日，第十二届 AFC 论坛在呼和浩特举办，再次发出 AFC 行业“一起努力共同合作”的呼吁

2016 年，5 月 26—27 日，应邀代表专委会列席轨道交通 AFC 系统设备制造商联谊会“上海松江第一次会议”

9 月 21—22 日，在济南举办的第十三届 AFC 论坛上强调，必须共同学习领会“自我组织、自我规范、自谋发展”的从业精神，以推进我国 AFC 行业的健康有序发展

11 月，《城市轨道交通自动售检票（AFC）系统工程质量验收规范》（GB 50381—2010）（国标）被全文翻译成越南文，在河内“吉灵—河东”城市轻轨项目上参照执行，2017 年《人民日报》海外网发布专题信息

2017 年，1 月 9—10 日，应邀代表专委会列席轨道交通 AFC 系统设备制造商联谊会“上海松江第二次会议”

6 月 30 日，中国信息产业商会自动收费系统专业委员会成立暨第一届会员代表大会在北京召开，被专委会推举为名誉理事长

9 月 21—22 日，在郑州举办的第十四届 AFC 论坛上，围绕“探讨轨道交通 AFC 系统规范化之路”作主题讲话

2018 年，5 月 14—15 日，应邀参加轨道交通 AFC 系统集成商联谊会（G7）在南湖举行的第二次会议，并发布了第二个“南湖宣言”

8 月，提出编写《中国轨道交通 AFC 行业里的追梦者》丛书的意义及实施计划和通知

9 月 20—21 日，第十五届 AFC 论坛在合肥举办，AFC 论坛业已成为行业的“春晚”

12 月 1 日，主持并组织编制完成的《城市轨道交通自动售检票（AFC）系统工程质量验收规范》（GB 50381—2018，即 GB 50381—2010 的修订版）（国标）开始实施

2019 年，3 月 7 日，出席在海口举办的 AFC 专委会年会

10 月，在众人的协助下，整理积累多年的文字资料，身体力行，组织编写完成与我国轨道交通事业同发展的自传体著作《兰蕙痴情：陈凤敏与 AFC 三十年》，并由同济大学出版社出版，首版借第十六届论坛青岛年会举行之际举办了发行仪式，为继续编撰出版《中国轨道交通 AFC 行业里的追梦者》丛书起到了引领作用

二维码资料索引

图片来源

网络：P029、P031、P034、P041、P048（左上）、P049、P119

其余图片均由陈凤敏女士提供

后记

从 2018 年发起倡议，到如今完稿成篇，历时近两年，《兰蕙痴情：陈凤敏与 AFC 三十年》终于要与读者见面了。

作为《中国轨道交通 AFC 行业里的追梦者》丛书的第一本，书中主人公陈凤敏在我国轨道交通 AFC 行业里的地位毋庸置疑。在轨道交通 AFC 行业尚无人涉足的时候，她已耕耘其中，孤军奋战；在轨道交通 AFC 系统项目被列为“缓上”的时候，她仍然坚守岗位，搜罗资料；在轨道交通 AFC 系统设备研制的时候，她坚持自主创新，身先士卒；在轨道交通 AFC 系统设备项目中试暂停的时候，她敢于上书市长，力陈利弊；在轨道交通 AFC 系统引进谈判的时候，她从细微处入手，点出关键；在轨道交通 AFC 系统无规可依的时候，她首倡标准编制，高瞻远瞩；在轨道交通 AFC 行业蹒跚起步的时候，她组织召开论坛，共商大计；在轨道交通 AFC 行业市场纷争的时候，她牵头组织联谊，规范秩序。她还组织编写了《多模式交通付费卡系统》《自动收付费卡系统》两书，启蒙了我国轨道交通 AFC 行业无数后辈。她还负责推动了两岸四地 AFC 论坛的召开，实现两岸四地之间的深入交流，引领我国轨道交通 AFC 行业走向世界。她主持编写的《城市轨道交通自动售检票（AFC）系统工程质量验收规范》自 2006 年颁布以来，历经多次修订，已被我国轨道交通 AFC 行业奉为圭臬。

一生能专注做一件事并把这件事情做到极致，陈凤敏毫无疑问是这样一个典型。为了我国轨道交通 AFC 行业的发展，陈凤敏付出了半辈子的心血，从 1988 年至今已逾三十年，取得的成果也是令人惊叹的。

为帮助广大读者和业内人士了解陈凤敏在我国轨道交通 AFC 行业的投入与成果，特别是她坚持自主创新方面的努力，我们编著了此书，作为《中国轨道交通 AFC 行业里的追梦者》丛书的开篇。邓艳女士高度重视本书的编辑工作。参加本书统筹和编辑工作的有江世亮、张君龙、王泽凤、杨玉娟等，文学编辑为李辉。为本书提供相关资料和素材的有陈凤敏、郑志涛、李仰能（中国香港）、万蕙颐（中国台湾）等。本书的出版还得到上海地铁咨询监理科技有限公司、方正国际软件（北京）有限公司、普天轨道交通技术（上海）有限公司、固力保安全系统（中国）有限公司、北京方卡咨询中心及陈凤敏家人陈灏浚等的大力支持，在此一并表示感谢。

书中内容若有不妥之处，敬请读者批评指正。

本书编写组

2019 年 7 月

图书在版编目（CIP）数据

兰蕙痴情：陈凤敏与 AFC 三十年 / 邓艳等著 . -- 上海：同济大学出版社，2019.10
（中国轨道交通 AFC 行业里的追梦者）
ISBN 978-7-5608-8746-3

Ⅰ . ①兰… Ⅱ . ①邓… Ⅲ . ①陈凤敏 – 生平事迹
Ⅳ . ① K826.16

中国版本图书馆 CIP 数据核字（2019）第 204320 号

兰蕙痴情：陈凤敏与 AFC 三十年

邓艳 陈凤敏 李辉 王泽凤　著

出 品 人　华春荣
策　　划　闻鼎传媒
责任编辑　张　翠　　责任校对　徐春莲　　装帧设计　张　微

出版发行　同济大学出版社 www.tongjipress.com.cn
（地址：上海市四平路 1239 号　邮编：200092　电话：021–65985622）
经　　销　全国新华书店
印　　刷　上海安枫印务有限公司
开　　本　710mm×960mm　1/16
印　　张　16
字　　数　320 000
版　　次　2019 年 10 月第 1 版　2020 年 10 月第 2 次印刷
书　　号　ISBN 978-7-5608-8746-3
定　　价　78.00 元